잊혀진
문화유산

해자垓字와 풍류風流이야기

잊혀진
문화유산

해자垓字와 풍류風流이야기

솔과학

서문

조경, 조경소재개발, 기후변화, 자연환경복원, 녹색복지, 전통문화 등은
나의 관심분야이면서 연구대상이다.

전통조경을 연구하다 전통문화유산에 대하여 관심을 가지게 되었다.
전통문화유산은 한 사회나 사회집단에 나타난 정신적, 문화적, 감성적,
지적인 것의 총체적 복합물로써 인간적 삶의 그 자체이며, 역사성, 장소성,
인생관, 생활양식 등을 간직하고 있어 전통문화유산에 담겨져 있는 의미
와 가치를 찾아내는 노력은 잃어버린 옛 향수를 되찾아 현대적 의미와 가
치로 복원하는 의미 있는 작업이라 생각한다.

전통문화유산에는 다양한 것들이 있지만 자연과 조화되고 자연환경의
일부분이었던 해자에 대하여 관심을 가지고 연구하게 되었다.
해자垓字는 자연이라는 진경 속에 선조들의 삶과 문화가 공간 속에 설득
력 있게 배어든 역사·문화적 경관의 표상이며, 역사 경관의 전통성을 대변
한다. 처음에는 군사적 방어 목적으로 설치되었지만 물이 가득 찬 해자는

방어 외에 친수공간으로 사람들의 휴식과 놀이, 운동, 레크리에이션, 동물들의 서식처 등 다양한 기능을 가진 전통문화유산이었다. 이러한 다양한 기능을 가진 해자垓字가 현대에 와서 사라져 가는 모습을 볼 때 아쉬운 마음이 든다.

잊혀져가는 해자垓字를 통해 전통문화유산을 찾아 국민들의 정서를 함양시키고 창의적으로 발전시켜 국가의 성장 동력에 밑거름이 되길 기대해 본다.

그동안 「잊혀진 문화유산 해자垓字와 풍류風流이야기」란 책을 출판하기까지 많은 도움을 주신 솔과학 김재광 사장님 그리고 관계자 여러분에게 진심으로 감사의 말씀을 드리며, 아울러 독자 여러분의 아낌없는 조언과 성원에 감사드립니다.

2018년 1월
저자 정 용 조

서문

　전통공간이라는 주제의 연구를 진행하다 들여다보게 된 풍류는 상고시대에 기원하여 신라 화랑의 정신적 근간이자 우리민족 고유의 중심사상이었으며 불교와 유교, 도교의 영향을 받기 이전에 유불도 삼교의 중심 가치를 포함한 고유의 종교로서 사회적 역할을 담당하여왔으나 시대와 사회의 변화에 따라 종교적·사상적 의미가 퇴색되고 현대에 이르러서는 향락적인 의미만 부각되어 왔다.

　공간적 의미로서 풍류를 향유했던 풍류의 공간 역시 전 국토를 대상으로 하는 '유오산수遊娛山水 무원부지無遠不至'의 경승지에서 좁은 실내 공간 또는 개인적 사유 공간으로 점차 축소, 변화되는 과정을 겪으면서 부정적인 측면의 문화·사회적 이미지가 형성되어 자랑스러운 전통사상이자 정신적, 육체적 수련의 장으로서의 명맥을 잃고 말았다.

　다행히도 많은 연구가들이 잊고 있던 풍류의 사상적 중요성과 의미에 관심을 갖고 우리 민족의 자주성과 자긍심을 높일 수 있는 전통사상을 되살리기 위해 풍류의 기원과 사회적 역할에 대한 학문적 규명의 노력을 하고 있다.

이러한 노력에 부응하여 전통공간에 대한 연구자로서 관심 대상인 풍류의 향유 공간 활용에 대한 공간적, 문화적 의미로서의 접근이 바로 이 책에서 이야기하고 싶은 주제이다.

자연과 공간이라는 대상을 대했던 우리의 전통적인 방법은 자연을 훼손하거나 경관을 독점하는 것이 아닌 어울림을 통해서 주변 환경에 동화되어, 더욱 아름다워지는 차원 높은 이용에 특별한 의미를 두는 것이었으며, 이곳에서의 품격 높은 수련활동이 전통공간傳統空間이자 전통정원傳統庭苑에서의 풍류였다. 또한 밖으로 나가서는 선유仙遊, 유산遊山을 통해 누정이라는 수련과 풍류의 공간적 공유의 장으로서, 찾아가는 정원문화이자 전통의 나눔 공간이었으며, 전통정원은 단순한 여가·휴식의 공간이 아닌, 개인적 취향으로 소유하고 향유하는 차원을 넘어선 시詩, 서書, 화畵의 품격 높은 풍류문화를 잉태하고 생산하는 문학과 예술의 장이기에 함께 나누고 소통을 통해 성장·발전시키는 복합적인 사회·문화·정신적 기능을 담당하고 있는 특별한 장소이다.

우리는 비록 좁은 국토면적에 많은 인구가 밀집하여 무분별한 개발과 그 후유증에 시달리고 있지만 계절의 변화가 뚜렷하고 시시각각의 변화와 아름다움이 빼어난 자연이 있어 이러한 경승이 있는 곳에서 가까운 지역을 살기 좋은, 즉 택리지 복거총론에서 언급한 이상적인 삶의 터전인 가거

지지可居之地 [근처무산수가상처近處無山水可賞處 즉무이도사성정則無以陶瀉性情]
의 우선적인 조건으로 인정하였던 우리 옛 선조들은 개인적 사정이 허락하
는 경우 세속의 고뇌와 번잡함을 잊기 위해 아름다운 산수와 경관이 좋은
누정을 찾아가 풍류적 감흥을 나눌 수 있는 벗들과 함께 머무르면서 시문
을 나누고 풍류를 즐기며 자연을 만끽하는 가운데 심신수양을 했다. 그로
인하여 경승지에 위치한 누정은 문학의 산실이 되었고 당시에 유명한 문인
들은 이곳을 방문하기를 최고의 기쁨으로 여겼으며 그 대표적인 공간으로
서 동해안의 절경지역인 금강산과 총석정을 비롯한 관동팔경은 이곳을 방
문하였던 고려때의 안축과 조선조 가사문학의 대가인 정철의 관동별곡, 조
선시대 문인들의 기행문학의 대표 격인 유산기 등 문학의 주요 소재이자
배경이었고 차원 높은 풍류의 문화적 결실을 얻을 수 있었다. 이는 곧 우리
에게 주어진 공간을 어떤 방법으로 이용을 하고 차원 높은 수준의 활용에
의미를 두는 가에 따른 활용의 방법과 관념이 만든 차이라 생각한다.

결론적으로 풍류적 사상과 공간의 향유라는 전통적 가치관을 통해 살
펴 본 아름다운 경승지를 이용하는 후손으로서의 올바른 방향은 아름다
움을 담장안의 뜰에 가두고 채워 개인적 소유로 독점하고 완상하는 경직
된 공간, 닫힌 공간으로서의 정원庭園이 아닌, 실용성과 상징성을 중심으로
인위적 조성을 최소화하여 담장 밖의 풍경까지 끌어 들여 이용하고, 필요
할 경우 밖으로 직접 찾아 나서며 주변의 자연과 훌륭한 경관자원을 유연
하게 포용할 수 있는 열려있는 공간으로서의 정원庭苑으로 의미를 정립하고
활용할 필요가 있다.

한동안 우리의 기억 속에 잊혀 진 우리민족의 중심사상 풍류는 오늘을 사는 우리에게 자연을 대하는 마음가짐과 그것을 통해 얻을 수 있는 풍족한 문화적 융성의 지혜를 가르쳐주고 있는 것이다.

부족하고 아쉬움이 많은 졸고임에도 세상에 나올 기회를 주신 솔과학 임직원 여러분과 김재광 사장님, 그리고 함께 출간하기를 청해주신 상명대학교 정용조교수님께 감사드립니다.

2018년 1월
저자 권오만

02

풍류風流와 한국의
전통문화공간

01

해자垓字의 문화적 해석과 복원적 의미

정용조

이론적 배경

　해자란 성 외곽에 군사적 방어시설과 경계를 구분하고자 설치된 시설물로서 동·서양의 고대로부터 중세에 이르기까지 성과 함께 도시를 구성하는 요소로 중요한 역할을 하였다.

　고대에는 자연지형을 이용하여 방어하다가 차츰 자신들의 동굴이나 움막 앞에 목책木柵을 쌓기 시작하였고 점차 집단이 커지게 되자 흙이나 돌로 성城을 쌓았으며, 성을 더욱 견고하게 쌓기 위해서 성 앞에 목책을 두르기도 하였다.[1]

　고고학적 증거에 의하면 성곽의 원초적인 형태는 거주하는 공간의 일정한 범위에 도랑을 돌려 파는 시설에서 시작되었다고 알려져 있으며, 도랑을 판 흙으로 두둑을 만들다가 다음에는 도랑의 안쪽에 나무로 울타리를 만든 목책을 세웠으며 이후 흙을 더욱 단단히 쌓아 올리거나, 아예 돌을 쌓아올리는 시설로 발전하였다.[2] 고대국가가 성립되면서 성곽을 중심으로 도

---

1) 허경진, 2001
2) 차용걸, 2003

시를 구성하였고 도시를 적으로부터 보호하기 위해 방어적인 측면이 강한 해자를 성곽 주변에 설치하였다. 해자는 성곽 주변에 땅을 파거나 자연적인 지형을 이용하여 성을 방어하는 성곽 시설물의 하나로 적의 침입에 장애가 되는 하천이나 바다 등을 이용한 자연적인 해자와 인위적으로 호를 파거나 고랑을 낸 인공적인 해자로 구분되고[3] 해자의 설치는 성벽에서 일정한 간격을 두고 넓고 깊게 파는 것이 보통이며, 성곽의 외곽에만 있는 것이 아니라 내부에도 설치되었는데, 성 밖에 있는 해자는 방어력을 높이는 것 이외에도 지반을 다지는데 중요한 역할을 하였다.[4]

유럽에서는 초기 성터 주변에 해자를 파고 파낸 흙을 쌓아 올려 원추형의 대지를 구축하였으며 정상에 건물을 세우거나 아니면 대지에 접속시켜 목책이나 해자를 둘러치는 것으로 간단하였다. 또한 성 주변에 해자를 파서 적의 침입을 막고 물을 저장해 둠으로써 미기후 조절과 어류, 양서류 등의 동물들이 살아가는 서식처로 이용되었다.[5]

해자는 군사적 방어 목적이 소멸되면서 역할도 점차 사라져 가고 있으나 물이 가득 찬 해자는 미기후를 조절하고 동물의 서식처를 제공하는 등의 목적으로 현재는 그 명백이 유지되고 있다. 그러나 고대로부터 전승되어 온 해자는 공간의 분할과 위요, 공간의 위계 및 연결과 같은 전통공간 구성상의 특징을 나타내 줌으로써 우리에게 친숙함을 준다.[6]

현재까지 해자에 관한 연구는 해자에 대한 일반적인 개념과 발굴조사에

---

3) 이원근, 1980; 정용조 등, 2010
4) 송갑득, 2006; 정용조 등, 2010
5) http://cafe.daum.net/joyzit/Jiy6/319
6) 정용조 등, 2010

의한 보고서 등에만 치중해 온 것이 사실이다. 그 결과 해자가 지니고 있는 기능과 역사·문화적 의미가 희석되어 전통공간의 복원계획에 대한 고려가 미비한 실정이다.

본 글에서는 동·서양의 해자에 대한 문화적 의미를 고찰하여 고대로부터 중세에 이르기까지 존재했던 해자에 대한 이해를 높이고 해자의 문화적 해석과 복원적 의미를 살펴보고자 한다.

해자의 정의

　해자는 능, 묘, 원 등의 경계표시를 말하며 대개는 땅을 파서 도랑처럼 만들고 해자 밖에는 산불을 막기 위하여 풀과 나무를 불살라 버리거나 또는 성 밖을 둘러 파서 물을 채워 적의 침입을 방해하도록 만든 것을 의미한다.[7] 해자혹은 호, 호벽, 황, 지란 성벽 외곽에 파 놓은 못 또는 물길로 적이 성벽에 직접 접근 할 수 없도록 하거나 이를 경계로 공간을 구분하고자 설치된 시설물을 이른다고 하였다.[8]

　근래 문화유적조사와 함께 도성과 읍성 또는 산성을 조사하면서 해자란 용어를 흔히 쓰고 있는데 이는 성벽 외 주위에 둘러진 방어용 못을 의미하는데 이 용어는 「증보문헌비고」에 나타나지만 우리나라 문헌에 흔히 쓰여 진 용어는 호, 호벽, 황, 중호, 지 등이다. 중국의 경우에 있어서는 문헌에 따라서 여러 가지로 기록되어 성하, 성호, 성지, 성구, 성참, 호구 등으로

---

7) 이원근, 1980; 정용조 등, 2010
8) 송갑득, 2006; 정용조 등, 2010

나타나 있으며,[9] 일본에서는 해자를 호리堀라고 부른다. 해자에 물을 채운 것을 미즈보리水堀라고 하며, 물을 채우지 않는 것을 가라보리空堀라고 한다. 근세의 평성에는 해자를 두었지만 중세의 성곽이 대부분인 산성의 경우에는 빈 해자가 많았다. 산의 능선을 가르도록 만든 빈 해자를 호리키리堀切, 일반적으로 가로로 조성한 빈 해자를 요코보리橫堀, 경사면을 따라 조성한 빈 해자를 다테보리竪堀라고 하였다. 여러 개의 다테보리가 가로로 연결되어 있으면 연속 다테보리라 하고, 3개 이상의 연속 다테보리를 묘상 다테보리라고도 하며 성의 구루와, 즉 성의 한 구역을 중심으로 해서 방사선으로 배치된 다테보리를 방사상 다테보리라고 한다. 해자 밑바닥에 따로 구덩이를 더 파거나 해자와 해자를 구분 짓는 성루를 쌓아 장애물로 삼았는데 이러한 장애물을 쇼지障子라고 하며 쇼지가 있는 해자를 쇼지보리障子堀라고 부른다. 형태가 쇼지와 닮았기 때문에 쇼지보리라고 불렀다는 이야기가 있지만 이것은 잘못된 속설이다. 또한 일정한 간격으로 연속된 쇼지가 있는 해자를 우네보리라고도 한다. 쇼지보리가 유명한 성은 야마나카 성이지만, 전국적으로 넓게 퍼져 있다. 이들 빈 해자의 효과는 해자 안을 타고 넘어야 하기 때문에 적 병사의 체력을 소진시키는 효과가 있다. 통상 해자는 평성에 많이 있는 물이 채워진 해자이다. 평성에 있는 성의 외측에 있는 해자를 소토보리外堀로 부르며, 성 내측에 있는 해자를 우치보리內堀라고 부른다. 그리고 해자가 중간에 있으면 나카보리라고 한다. 또 성하마을을 방어하기 위해 소가마에를 둔 성곽일 경우 소가마에의 해자를 소보리總堀라고 한다.[10]

---

9) 장경호, 1987
10) http://cafe.dau.net/greatchosunsa/BURT/51

중국에서는 성벽 외 주위에 둘러진 방어용 못을 의미하며, 성하, 성호, 성지, 성구, 성참, 호구 등으로 불렀다.[11] 서양에서는 영어로 moat라 하며, 주로 중세 시대에 발전하였다.[12]

저수하거나 둔덕을 만들어 적의 침입 시에 장애를 주어 방어에 효과적인 기능을 갖게 하는 것을 해자라 하였고, 자연 하천을 그대로 이용하는 경우와 인위적으로 만드는 경우가 있다. 그런데 해자 중에는 물이 있는 경우와 말라서 물이 없는 경우가 있는데 성지에 물이 있는 것을 지池라 하고 물이 없는 것을 황隍이라 하였다.[13]

해자에는 읍성이나 도성에서와 같이 물이 늘 차 있게 한 호참이 있는가 하면 산성에서 흔히 보는 바와 같이 물이 없이 장애물로 이용되는 황이 있다. 또 그 형태는 단면으로 보아 상자형으로 된 것과 "V"자형으로 된 것 또 부분적인 원형과 타원형으로 된 것 등이 있다.[14]

지금까지 알려진 가장 오래된 해자의 유구로는 중국 앙소기仰韶期의 것으로 섬서소 서남교의 반피촌 주거지역 주위에서 발굴조사된 것으로서 평면으로 보아 원형으로 둘러진 해자의 상부 폭이 6~8m이었고 하부가 1~3m, 깊이가 5~6m로 구의 단면이 "V"자형을 하고 있었으며 이것은 중국의 환호취락의 예로서 가장 오래된 것이다.[15]

한편 중국의 문헌을 살펴보면 고대 황제의 함궁지제含宮之制에 관하여 사기봉단서에 말하기를 "귀인의 옥대에 황제명당도가 있는데 물이 둘려지고

---

11) 장경호, 1987
12) http://cafe.dau.net/greatchosunsa/BURT/51
13) 이원근, 1980
14) 신미정, 1998
15) 竹島卓一, 1970

담을 이루고 위에는 루가 있으며, 서남으로 들게 하여 이름을 곤륜이라 하였다"라고 기록되어 있다.[16]

또 다른 예로서 한의 예제건축에 대하여 근래에 발굴 조사되어 밝혀진 것을 보면 서안 삼교진 부근에 그 규모가 대체로 같은 10여 동이 배치된 일련의 한대 건축유적이 발견되었는데 그 건축의 용도는 확인되지 않았지만 통일된 계획에 의하여 건설되었던 것으로 추정되며 중심에 놓인 건물은 높게 성토한 토대 위에 세웠다.[17]

건물은 부지에 따라 전후좌우가 완전히 대칭으로 놓여 그 최외랑에는 직경 약 370m의 원형 수구가 둘려져 있고, 동서남북에는 장방형으로 골을 낸 수구가 덧붙여졌다. 이 환상수구의 중앙부에 방형 토대를 이루어 남북장이 205m, 동서장이 206m, 높이 1.5m의 사방 중앙에는 문을 두고 네 귀에는 'ㄴ'자형 건물지를 두고 있다. 이 토대 내 중심부에는 직경 60m, 높이 2.9m의 원형 토단을 두고 이 중앙에 복합된 건물지를 두고 있는데 이것이 명당지인지 피옹辟雍, 천자의 태학지 인지는 확실하지가 않다.[18]

북위의 낙양성은 삼국시대부터 남북조시대에 걸쳐 북중국에서 가장 번영했던 도시로서 한때 후한의 국도였다. 삼국의 위가 황폐한 이 도시를 수복하였고 그 후 493년에 북위는 산서성 북부의 평성에서 이곳으로 도읍을 옮겨 왕도로 조영하여 위진시대의 규모로 복원하게 되었다. 북위의 「낙양가람기洛陽伽藍記」에 의하면 동서 20리, 남북 15리당시 1리는 약 440m 10만 9천여 척이 있었고, 묘사, 궁실, 부서 외에는 방 300보를 1리로 한 정전 구획을

---

16) 장경호, 1987
17) 장경호, 1987
18) 장경호, 1987

22

하였다. 주위에 담장을 두어 사방 12대문을 두고 담 밖에는 낙하에서 끌어들인 양거수, 즉 호성하護城河를 돌려 각 문 앞에 다리를 놓았다.

호성하는 3지류로 나누어지는데 이 중 두 지류가 성벽 외로 돌아 환류하고 한 지류는 북벽의 문을 통하여 성내로 흐르는 것을 확인하였다. 서벽 외에 연하여 남류하는 해자 폭은 18~28m, 북에서 남으로 내려오며 넓어진다. 동벽에 연하여 남류하는 해자의 폭은 18~40m로서 역시 남쪽이 넓어진다.[19)]

성을 둘러싸고 있는 해자는 자연이라는 진경속에 선조들의 삶과 문화가 공간 속에 설득력 있게 배어든 역사적 경관의 표상이다.

---

19) 上田, 1972; 신미정, 1998

해자의 문화적
의미와 기능

해자는 깊고, 넓은 도량, 건조하거나 물이 담겨 있는 것으로 주변의 건물과 성, 도시를 역사적으로 방어하기 위해 제공되는 장애물로서 댐, 호수 등과 같은 자연적 해자와 인공호수 등과 같은 인공적인 해자를 말하며, 처음에는 방어적 수단으로 나중에는 관상용수로 사용되었다. 해자의 가장 오래된 증거로는 고대 이집트의 요새로 밝혀졌다. 한 예를 들면 Buhen의 Nubia에서 발굴된 요새이다. 또 다른 증거는 바빌론의 유적에서 발견되며, 이집트, 아시리아 그리고 다른 지역의 문화에서도 나타난다.[20] 또한 4세기 콘스탄티노플시대 즉, 로마제국 때 로마인들이 적의 침입을 막기 위해 도시를 둘러싼 대성벽이 있는데 성벽은 해자와 외성, 내성의 3중 구조로 이루어져 있는데 해자 폭은 18m이다.[21]

해자가 성 및 요새 주변의 방어시스템, 즉 장애물의 일부로 성벽의 바로

---

20) http://en.wikipedia.org/wiki/moat
21) http://blog.naver.com/pondfire/140049509772

밖에서 확인 되었으며 적당한 위치에 해자는 물로 채워져 있었다. 해자가 필요한 지역은 타워, 성벽 주위로서 적의 공격 시 장애물 역할을 하였으며, 물이 채워진 해자는 방어 역할을 하거나 관상 용수로도 사용하였다. 중세 프랑스에서는 둔덕, 소구에 적용되었으며, 요새가 있던 중앙 마운드에 적용되었다. 그리고 물이 없는 건조한 해자는 자연 인공 구조물을 연상시키며 비슷한 기능을 현대건축에 적용하였다.[22]

대부분의 해자는 물이 가득 차 있으며 해자는 호수를 연상케 한다. 수상궁전과 같은 성이 만들어졌으며, 물이 성의 방어 역할을 하였다. 물이 가득 차 있는 해자는 천연의 섬 또는 댐과 같은 인공호수를 만들어 활용함으로서 형성되었다. Kenilworth Castle는 광범위한 물로 적을 방어하여 피해를 막을 수 있었다. 기본적으로 자연 또는 인공호수와 함께 더 감동적인 것은 성곽의 코넷, 수로의 기능을 바다와 같은 느낌을 주는 것이었다. 해자 또는 인공호수로 둘러싸인 곳으로는 영국, 스코틀랜드, 웨일즈, 북해연안의 저지대에서 발견되었으며, 대륙의 대부분인 독일, 오스트리아, 덴마크 등에서도 추가로 발견되었다. 상황에 따라서는 해자에 대변 또는 소변, 그리고 썩어가는 음식뿐만 아니라 죽은 동물의 시체가 있었는데 이것은 적군을 방어하기 위한 하나의 수단이었다. 이후 중세시대에 적을 방어하게 설계된 요새, 그리고 마른 해자 또는 도랑과 물이 가득 찬 해자는 적의 공격에 대한 방어 역할 뿐만 아니라 관개용수 등의 다기능을 가지고 있었다. 19세기까지 여러 종류의 해자를 개발하기 전에는 마른 해자에 의존하였다. 시간이 지나면서 다수의 성(요새)은 궁전 또는 다른 만 달러의 저택 이상에

---

22) http://en.wikipedia.org/wiki/moat

손님을 보호하기 위해 지어졌으며 건물 주변에 해자 또는 호수로 둘러싸여 있어 접근하지 못하였다.[23]

일본의 성은 성 주변에 매우 많은 원의 배치와 다양한 패턴의 해자를 가지고 있어 정교하며 일본의 성은 3가지의 해자를 가지고 있는데 그 중 바깥쪽 해자는 일반적으로 성 이외의 기타 지원 건물을 보호하는데 사용되었다. 일본의 많은 성은 역사적으로 각 각의 도시에 있어 매우 중심적인 부분이 되었다. 해자가 도시에 중요한 수로를 제공하는 역할을 하였으며 근대에도 일본 황궁의 해자 시스템에서는 매우 활동적인 행동, 즉 보트놀이, 배낚시, 레스토랑 등 레저시설이 설치되었다. 아시아에서 해자는 금단의 도시 중국 서안과 일본의 교토제국의 궁전에 사용되었으며, 인도와 동남아시아, 그리고 캄보디아 앙코르와트해자 폭은 100m, 태국 치앙마이 등에서도 사용되었다.[24]

미국의 해자는 일반적으로 유럽의 성과 관련되어 있으며 그들은 또한 북미 인디언 마을의 일부에 외곽의 방위 강화 목적인 Mississippian 문화에 의해 개발되었다. 16세기 수로의 유적이 아직 동부 아칸소에서 Parkin 고고학 Stata Park 에서 볼 수 있다. 해자는 적들의 침입 같은 특정한 위협으로부터 방어 역할의 중요한 도구이지만 창조적이고 다양한 기능을 현대에 적용코자 노력한다.[25]

해자의 기능을 살펴보면 첫째, 중요한 물건을 만드는 공장 주변에 해자를 만들어 접근을 차단하였다. 둘째, 동물원에서 동물로부터 관람객들

23) http://en.wikipedia.org/wiki/moat
24) http://en.wikipedia.org/wiki/moat
25) http://en.wikipedia.org/wiki/moat

을 보호하기 위해 설치된 울타리 개념이며, 해자를 처음 사용한 곳은 Carl Hagenbeck가 자신의 Tierpark에서다. 수직으로 된 외부의 옹벽과 같은 구조물을 유지시키는 것으로서 영어로는 조원에 있어 Ha-Ha 수법이 확장 사용된 것이다. 셋째, 분재실에 해충 제어의 기본적인 방법으로 해자가 벌레의 접근을 제한하는데 사용되었다. 넷째, 마른 해자가 뉴욕에 있는 James Farley 우체국의 지하 사무실에 빛과 신선한 공기가 들어올 수 있도록 통로 역할을 하였다. 다섯째, 해자가 도시에 중요한 수로 역할을 하였으며, 보트놀이, 배낚시 등의 활동적인 행동과 레스토랑 등 레저시설이 설치되었다.[26]

---

26) http://en.wikipedia.org/wiki/moat

유럽의
해자垓字 문화

　유럽에서 성이라는 말은 통상 왕이나 영주가 그 영토 안에서 구축한 요새를 가리킨다. 그러나 이 말은 때로 영국의 도시 주에 있는 메이든 성과 같은 선사시대의 토루를 가리키기도 하고, 또 현대에는 각 국마다 그 형태는 다르지만 당당한 대저택이나 시골에 있는 귀족 부호의 저택을 가리키는 경우도 있다.

　유럽에서 성이 독자적 형식으로 발달하게 된 것은 중세 이후의 일이며 대략 11세기에서 13세기에 걸쳐 봉건사회 지배자의 무장된 주거지로서 점차 견고한 것으로 발달하였다. 일반적으로 중세의 성은 세 가지의 역할을 지닌 건축물이었다. 즉 영주의 주거, 성이 구축된 지역의 방어시설로서의 한 요소, 비상 시 백성들의 피난처 등의 역할이었다.

　영국이나 프랑스에서 흔히 볼 수 있는 초기의 성터 주위에 해자를 파고 그 파낸 흙을 쌓아 올려 원추형의 대지를 구축하고 그 정상에 목조로 탑상의 건물을 세우거나 아니면 대지에 접속시켜 목책이나 해자를 둘러치는 간단한 것이었다. 이 형식은 11세기 무렵까지 널리 보급된 것으로 보인다. 그리고 11세기에는 건물을 석조로 한 예도 나타났고, 동시에 견고한 성벽을 둘러쌓는 형식도 발달하였다.

성벽은 요소요소가 탑으로 강화되고 그들 정상부에는 요철이 있는 흉벽 또는 성가퀴가 설치되는 외에 침입하는 적을 공격하기 위하여 회랑식 주랑이 만들어 지고 거기에 마시쿨리라고 불리는 투석구가 마련되었다. 그러한 성벽에 쌓인 성곽 속에서 가장 초점이 되는 건물은 킵Keep이며, 그것은 공방전에서 최후의 거점이 되기 때문에 당연히 가장 견고하게 만들어졌다. 또한 성 주변에 해자를 파서 적의 침입을 막고 물을 저장해 둠으로써 미기후의 조절 기능과 어류, 양서류 등의 동물들이 살아가는 장소로서의 기능 등을 고려하였으며 주로 중세시대에 발전하였다.[27]

영국의 해자

뷰마리스 성Beaumaris Castle은 1925년 에드워드 1세에 의해 건축되었으나 에드워드는 완성을 보지 못하고 세상을 떠났다. 아름다운 초원이라는 뜻의 이 성은 영국의 항구도시 북웨일스의 호수 위에 세워졌다. 정교한 중앙 대칭구조로 지어졌으며 영국의 성들 중에서도 가장 완벽한 성곽 요새로 손꼽힌다. 호수는 성의 해자 역할을 하였다.[28]

보디엄 성Bodiam Castle은 영국 남동부 해이스팅Hastings 인근 East Sussex 에 위치해 있다. 정방형의 성 주위를 폭 넓은 해자가 둘러싸고 있다. 켄트Kent에 위치한 리즈Leeds 성과 비슷한 외관을 하고 있지만 리조 성 보다 규

---

27) http://cafe.daum.net/joyzit/Jiy6/319
28) http://blog.naver.com/3byuno/43836766

모가 작고 보존 상태도 떨어진다. 외곽성은 보존상태가 양호하지만 내부의 구조물들은 많이 훼손되어 있다.[29]

콘위 성Conwy Castle은 1823년 영국 북웨일즈 콘위Conwy 해안가에 축성된 성이다. 잉글랜드 에드워드 1세가 웨일즈 지역을 합병한 후 지은 성들 중 하나로 중세를 대표하는 철옹성으로 이름이 높다. 장방형으로 축성된 높은 외벽과 거의 균일한 크기와 높이로 재단된 듯한 8개의 탑이 보는 이의 감탄을 자아낸다. 해안이 이 성의 자연해자 역할을 하고 있다.[30]

영국의 켄트Kent에 세워진 도버 성Dover Castle은 도버 항을 굽어보는 듯 높은 절벽위에 세워져 있다. 성 안에 있는 서기 50년경 로마군에 의해 세워진 24m 높이의 등대망루는 영국에 존재하는 가장 오래된 건축물 중 하나로 알려져 있다. 성은 앵글로색슨족이 처음 요새화 했던 것으로 보이며, 정복왕 윌리엄 시대를 거쳐 12세기경에 이르러서야 오늘날의 방추형 성곽의 모습을 갖추었다고 한다. 도버 항과 높은 절벽이 해자 역할을 하였으며 자연해자에 속한다고 볼 수 있다.[31]

에든버러 성Edinburgh Castle은 11세기에 축성되었으며, 스코틀랜드의 수도 에든버러 시 Princes Street에 위치해 있다. 가파른 화산암 절벽위에 지어져 군사적으로 중요한 전략 요새였음을 실감케 한다. 성안에는 스코틀랜드 메리 여왕이 영국의 제임스 1세를 낳았던 궁전, 스코틀랜드의 왕관과 보석, 군사박물관, 그리고 성에서 가장 오래된 건물인 Margaret's Chapel 등이 있다. 가파른 화산암 절벽이 자연해자 역할을 하였다.[32]

29) http://blog.naver.com/3byuno/43836766
30) http://blog.naver.com/3byuno/43836766
31) http://blog.naver.com/3byuno/438367

ⓐ 뷰마리스 성

ⓑ 보디엄 성

ⓒ 콘위 성

ⓓ 도버 성

ⓔ 에든버러 성

ⓕ 리즈 성

〈그림 1〉 영국의 성과 해자.
　　　　출처: http://blog.naver.com/3byuno/43836766.
　　　　해석: 호수, 절벽, 해안가 등이 자연적 해자 역할을 하였다.

리즈 성Leeds Castle은 1119년 영국 켄트Kent에 세워진 성이다. 원래는 9세기경 목조 성채였던 것을 수비에 강한 요새로 만들기 위해 새로 석성으로 개축한 것으로 헨리 8세의 아내인 왕비 캐서린이 거쳐했던 곳으로 유명하다. 세계에서 가장 아름다운 성들 중 하나라는 찬사를 받고 있는 리즈 성은 호수가 성 주위를 둘러싸고 있어 해자역할을 하고 있으며 섬 위에 세워진 작은 궁전을 연상케 한다.[33]

프랑스의 해자

앙부아즈 성Amboise Castle은 15세기 때 착공하여 16세기에 완성된 고딕과 르네상스 양식이 혼재되어 지어진 성으로 상트르 주아르Loire 강변에 위치해 있다. 성 건축에는 샤를르 8세, 루이 12세, 프랑스와 1세가 관여했다. 1560년 신교도가 프랑수아 2세와 기즈Guise 공을 습격하여 콩테 공을 왕위에 올리려다 실패한 앙부아즈의 음모가 있었던 곳으로 이곳에서 만년을 보낸 레오나르도 다빈치의 유해가 안치되어 있는 곳이기도 하며 상트르 주아르Loire 강변이 자연해자의 역할을 하였다.[34]

블루아 성Blois Castle은 13세기부터 17세기에 이르는 동안 여러 왕과 귀족들이 자신의 취향에 맞게 증축했기 때문에 다양한 건축양식이 혼재되어 있지만 프랑스의 대표적인 르네상스식 건축물로 평가받고 있다. 루아르 강 북쪽 강변을 천혜의 해자로 삼아 위치한 블루아 성은 "ㄷ"자 형태로 배치되

---

32) http://blog.naver.com/3byuno/43836766
33) http://blog.naver.com/3byuno/43836766
34) http://blog.naver.com/3byuno/43836766

어 있는데 각 면에는 건물을 세운 왕이나 왕자의 이름이 표시되어 있다. 애초 귀족의 소유였지만 루이 12세가 정권을 잡은 이후로 궁전으로 사용되기도 했다. 다른 성에서 흔치 않은 베란다 식 복도와 화려한 슬레이트 지붕과 벽돌로 만든 굴뚝이 성의 특색이다.

이는 16세기 이탈리아 풍의 르네상스 건축술의 영향을 받은 것이라 한다. 아름다운 외형과는 달리 블루아 성의 역사는 어둡고 살벌했다. 프랑스 왕위 계승을 둘러싸고 벌어졌던 앙리 3세의 기즈Guise 공작 암살사건1588년 12월 31일이 바로 이 성에서 벌어졌다.[35]

쉬농소 성Chenonceaux Castle은 1513년 프랑스 상트루 주 엥드르에루아르 현 루아르 강변 계곡에 천혜의 해자를 이용하여 지어졌다. 세계에서 가장 아름다운 성들 중 하나로 불리고 있는 쉬농소 성은 고딕양식과 로마네스크 양식이 혼합된 건축물이다. 장방형의 성 주위를 아름다운 정원이 둘러싸고

ⓐ 앙부아즈 성

ⓑ 블루아 성

ⓒ 쉬농소 성

〈그림 2〉 프랑스의 성과 해자. 출처: http://blog.naver.com/3byuno/43836766.
　　　해석: 강변, 계곡 등이 천연의 자연적 해자 역할을 하였다.

---

35) http://blog.naver.com/3byuno/43836766

있는데 이 정원은 앙리 2세의 첩이었던 디안느_Diane_와 왕비 카드린 메디시스_Catherine de Medici_의 정원이다.[36]

룩셈부르크의 해자

비앙뎅 성_Vianden Castle_은 11세기에서 14세기에 걸쳐 건설된 성 룩셈부르크시 북쪽 우르강이 흐르는 자연해자의 산 정상에 위치해 있다. 로마네스크에서 고딕건축양식으로 넘어오기까지 유럽에서 지어진 성들 중에서 가장 크고 아름다운 성으로 알려져 있다.

비앙뎅이라는 명칭은 15세기 초까지 이 지역의 실력자이자 프랑스와 독일 왕실과도 돈독한 친분을 유지했던 비앙뎅 가문 소유의 성이었던 데서 유래한 것이다. 작은 궁전과 부속건축물, 교회 등은 12세기 말에서 13세기 초에 지어진 것이며, 성의 서쪽 편에 위치한 큰 궁전은 14세기 초에 건축된 것이다. 오늘날의 아름다운 모습과는 달리 비앙뎅 성은 암울했던 역사의 상흔을 간직하고 있다. 1417년 성은 네덜란드 왕가의 자손인 Nassau 가문의 소유물이 되었으며, 1820년 룩셈부르크가 네덜란드의 왕 윌리엄 1세의 지배하에 있을 무렵 지붕, 돔, 성벽 등 성곽들은 하나씩 팔려나갔다. 1977년 성의 소유권이 룩셈부르크 정부로 이전되기 전까지 비앙뎅은 옛 영광과 위용과는 상관없는 볼품없는 잡석의 성채에 지나지 않았다. 현재의 비앙뎅 성은 룩셈부르크 정부가 성에 대한 대대적인 복구사업을 벌인 결과 예전의 모습을 되찾은 것이다.[37]

---

36) http://blog.naver.com/3byuno/43836766
37) http://blog.naver.com/3byuno/43836766

〈그림 3〉룩셈부르크 비앙뎅 성과 해자
출처: 자료:http://blog.naver.com/3byuno/43836766.

〈그림 4〉 네덜란드 Huis Bergh 성과 해자
출처: http://blog.naver.com/3byuno/43836766.

해석: 강변이나 언덕 위에 세워져 해자 역할을 하였다.

네덜란드의 해자

Huis Bergh Castle은 13세기 네덜란드 Montferland 자치구에 있는 일명 귀족의 언덕으로 불리는 마을에 세워진 성으로 성 둘레에 해자를 조성하였다. 다각형의 외벽으로 둘러싸인 르네상스 양식의 이 성은 네덜란드에 있는 성채들 중에서 가장 크다. 오랜 세월동안 성은 화재, 전쟁, 성곽의 증·개축 등으로 많은 변화를 거쳤다. 성 안에는 중세의 무기들과 유명 이탈리아 회화 작품들을 비롯한 많은 예술품들이 전시되어 있다. 또한 중세의 손으로 쓴 책의 상당수를 보관하고 있는 곳으로도 유명하다.[38]

스위스의 해자

12세기 무렵 제네바Geneva 레만Leman 호수를 자연해자로 하여 지어진 시옹 성은 스위스의 대표적인 성채이자 스위스의 대외적인 심볼로 활용될 만큼 잘 알려진 고성이다. 바닷가 작은 바위섬에 지어진 듯해 보이는 이 성은 원래는 정방형의 성벽으로 둘러싼 간소한 모양이었으나 13~16세기 동안 증·개축을 거쳐 현재와 같은 거성으로 탈바꿈 하였다. 알프스 정상의 백색 만년설, 바다처럼 드넓은 호수를 배경으로 지어진 스위스 특유의 세련된 고딕풍의 건축 양식은 보는 이들을 환상에 젖게 한다. 성은 두 개의 얼굴을 보여준다. 하나는 산과 호반을 배경으로 한 아름다운 풍경과 하나가 되어 있는 시옹 성과 또 하나는 난공불락의 요새이자 차디찬 지하 감옥으로서의 시옹 성이다. 아름다운 외면과는 달리 시옹 성의 이면에는 고문과 절

---

38) http://blog.naver.com/3byuno/43836766

〈그림 5〉 스위스 시옹 성과 해자
　　출처: http://blog.naver.com/3byuno/43836766.

〈그림 6〉 벨기에 Jehay 성과 해자
　　출처: http://blog.naver.com/3byuno/43836766.

해석: 호수를 자연적 해자로 이용하거나, 성 주위에 해자를 파서 적의 침입을
　　방지하기도 하였다.

규로 얼룩진 피의 역사가 숨겨져 있다.[39]

벨기에의 해자

Jehay Castle는 1130년경에 지어진 것으로 보이며 1550년 개축했다고
한다. 요새가 아닌 거주형 저택으로 지어졌으며, 흰색 블록의 탑과 석회석
을 혼합하여 쌓은 성곽은 여타의 성에서는 찾아볼 수 없는 이 성만의 특징
이다. 또한 성 주변에 해자를 파서 적의 침입을 방지하기도 하였다.[40]

덴마크의 해자

1560년 오늘날의 프레데릭스보르 주에 착공하여 1648년에 완공된 프레데
릭스보르 성Frederiksborg Castle은 세 개의 섬자연해자 주위를 둘러싸고 있는 중앙
에 있는 섬 위에 세워져 있다. 성의 건축은 프레데릭 2세 때 착공되어 대부분
의 건축은 1600~1620년 사이에 완공되었다. 성의 이름은 프레데릭 2세의 이
름을 따서 명명된 것이며, 200년간 7명의 왕이 이곳에서 대관식을 올렸다. 성곽
은 네덜란드 풍의 르네상스 양식으로 지어졌으며 넓고 아름다운 정원은 바로크
식 양식의 백미로 평가받고 있다. 성의 모든 지붕과 탑은 구리로 덮여 있다.[41]

---

39) http://blog.naver.com/3byuno/43836766
40) http://blog.naver.com/3byuno/43836766

폴란드의 해자

말보크 성Malbork Castle은 1309년 독일 튜튼 기사단에 의해 축성되었으며, 여러 번의 증·개축으로 오늘날의 모습을 갖추기까지는 무려 500년의 세월이 걸렸다. 말보크 성은 폴란드 Nogat 강변을 자연해자로 삼아 건립된 유럽 최대 규모의 고딕식 성곽 요새이다. 독일 기사단에 의해 지어진 성은 폴란드와 독일 기사산 사이에서 벌어진 13년 전쟁1454~1466때인 1457년 폴란드 군에 의해 탈취되었다. 그 후로 성은 원래의 골격을 유지한 채 폴란드식 부속 건축물들이 하나씩 추가되었다. 2차 세계대전으로 성의 50%가 파괴되었지만 우물, 교회, 식당, 화장실 등 초기의 시설물들이 아직 남아 있으며, 오늘날의 박물관은 1961년에 새로 건립 된 것이며, 1997년 세계문화유산으로 등재 되었다.[42]

독일의 해자

독일 바이에른Bayern 주 퓌센 동쪽 계곡자연해자위에 지어진 성으로 백조의 성으로 불리는 노이슈반슈타인 성Neuschwanstein Castle은 1869년 첫 주춧돌이 놓인 후로 17년에 걸친 대역사 끝에 완공되었다. 이 성은 자연을 벗 삼아 홀로 사색과 명상, 음악과 오페라에 빠져 지내기를 원했던 바이에른 왕국의 루드비히Ludwig 2세가 심혈을 기울여 축성한 백색의 미성美城이다. 성의 모습은 중세풍이지만 정교한 상수도시설, 지하로부터 끌어다 공급한 식수관, 성의 난방을 가능케 한 공기 가열장치, 주방 및 목욕을 위한 스팀용 배관이 설비되었을 만

41) http://blog.naver.com/3byuno/43836766
42) http://blog.naver.com/3byuno/43836766

〈그림 7〉 덴마크 프레데릭스보르 성과 해자
　　출처: http://blog.naver.com/3byuno/43836766.

〈그림 8〉 폴란드 말보크 성과 해자
　　출처: http://blog.naver.com/3byuno/43836766.

해석: 섬을 해자로 이용하거나, 강변을 자연적 해자를 이용하였다.

큼 호화스러우면서 예술적 건축미를 갖춘 초현대적으로 지어졌다.[43)]

호헨슈반가우 성Hohenschwangau Castle은 독일 바이에른Bayern 주 퓌센Fussen 동쪽 계곡자연해자에 지어진 성으로 루드비히 2세에 의해 건축된 노이슈반슈타인 성과 계곡을 사이에 두고 마주해 있다. 호엔슈반가우 성은 루드비히 2세의 아버지인 막시밀리안Maximilian 2세에 의해 1832년에 축성되어 완공된 성으로 막시밀리안 2세의 여름 왕궁이자 루드비히 2세가 유년기를 보낸 곳이다. 성이 세워진 곳은 12세기 무렵 기사들의 성(요새)이 있던 곳이었지만 프랑스 나폴레옹 군에 의해 파괴되었다. 호헨슈반가우 성은 기사들의 요새였던 옛 성터에 낭만주의의 신 고딕 작품으로 재건된 것이다.[44)]

---

43) http://blog.naver.com/3byuno/43836766
44) http://blog.naver.com/3byuno/43836766

ⓐ 노이슈반타인 성

ⓑ 호헨슈반가우 성

〈그림 9〉 독일의 성과 해자
　　　출처: http://blog.naver.com/3byuno/43836766.
　　　해석: 계곡을 자연적 해자로 이용하였다.

동양의
해자垓字 문화

한국의 해자

일반적으로 해자에는 기본적으로 성 외곽 방어시설로서 해자의 설치가 어느 정도 규식화되어 있었는데, 해미읍성도 이에 벗어나지 않는다. 해미읍성 해자 규모는 「통전」에 의하면 상부 폭은 2장5.6m~6.26m, 깊이는 1장2.8m~3.1m, 하부 폭은 1장2.8m~3.1m으로 기록되어 있으며,[45] 유형원의 「반계수록」에 의하면 성 밑에서 4장8.4m 밖에 굴착하며, 해자의 넓이는 4장, 깊이는 2장 이상으로 하고 해자 주변은 반드시 벽돌로 쌓아야 한다고 하였다. 해자는 당시의 자연지형을 굴토하여 단애면 주변에 석재로 석축을 조성하였으며, 현재 해자의 내측과 외측에 석축이 잔존해 있다. 내·외측에 남아 있는 석축유구는 각 각 2개의 열로 구축되어 있는데 굴광선과 가까운 위치에 축조된 석축유구1차 해자 유구와 해자 바닥에 가까운 위치에 축조된 석축

---

45) 심정보, 1999

〈그림 10〉 해미읍성 해자 입구

〈그림 11〉 해미읍성 해자 중간지점

〈그림 12〉 해미읍성 해자 시점

〈그림 13〉 해미읍성 해자 종점

출처: 필자 촬영.
해석: 성벽에서 8m정도 떨어진 지점에서 상부 폭은 9~10m, 하부 폭은 4~5m, 깊이는2.0~2.4m,
　　　길이는 약 500m의 크기로 남아있다.

유구2차 해자 유구로 구분된다. 대부분 2차 해자 유구의석재와 충전토를 걷
어내면 1차 해자 유구를 확인할 수 있는데, 1 ·2차 해자의 석축은 석재의
크기, 구조, 축조방법의 차이가 인지됨으로 처음에 1차 해자 유구가 축조
된 후 2차 해자 유구가 증 개축된 것으로 보인다.[46]

---

46) 안덕임과 문상종, 2008

해미읍성 해자는 성 밖에서 그 흔적이 확인되었는데 현재는 북벽에서만 기존의 해자를 발굴한 자료를 가지고 근접하게 복원해 잔존해 있다.

해자는 성벽에서 8m 정도 떨어진 지점에서 상부 폭은 9~10m, 하부 폭은 4~5m, 깊이는 2.0~2.4m, 길이는 약 500m 의 크기로 남아있다. 해자와 성벽 사이의 공간에는 부분적으로 탱자나무가 심어져 있어 해미읍성은 탱자성으로 불리기도 하였다.[47]

지금까지 발굴된 경주 월성해자는 대체로 3종으로 구분된다. 월성 남편을 만곡 되게 흐르는 자연하천남천을 그대로 이용한 자연해자와 성벽 기단부를 따라 평면 부정형의 못을 파고 냇돌로 호한을 구축한 연못형 해자, 그리고 연못형 해자를 메우고 정다듬한 화강암을 평면 삼각형으로 정연하게 쌓은 월성 동편 석축해자가 그것이다.[48]

1980년대 이후 국립경주문화재연구소의 조사에 의하면 월성 주변에는 유사한 형태의 해자가 10개 이상 있었던 것으로 확인되었다. 다만 보통 1개의 구덩이를 파서 만드는 다른 형태의 해자와는 달리 이곳에는 불규칙한 연못형태의 여러 개가 연결되어 있어 구지溝池와 같은 느낌이 드는 것이 특징이다. 조사결과 삼국시대 이전부터 월성주변에는 자연 구덩이로 이루어진 습지가 형성되어 있어 자연해자의 역할을 하였던 것으로 보인다. 이런 것들은 후에 재정비하여 석축해자를 조성한 것으로 추정된다. 각 해자는 동에서 서쪽으로 가면서 약간의 높이 차이를 두어 물이 흐르도록 하였던 것으로 확인되고 있다.

---

47) 안덕임과 문상종, 2008
48) 이상준, 1997

월성에 대한 최초의 고고학적 조사는 1915년 봄 일본인 학자인 도리이 류조鳥居龍藏와 사와 준이치澤俊一가 월성 남서쪽 월정교 부근 남천에 면한 성벽의 일부를 발굴한 것이다. 이후 1921년 10월 고이즈미 아키오小泉顯夫, 우메하라 스에지梅原末治, 후지타 료사쿠藤田亮策가 같은 지점을 조사 하였으며, 1932~1933년에는 아리쓰미 교아치有光敎一가 당시까지 남아 있던 초기의 발굴갱을 확인 하였다. 이들은 주로 성벽의 두께와 높이, 토층 상태에 대한 기록을 남겼으며, 해자에 대한 언급은 없다. 당시의 조사에서는 각종 토기류, 뼈제품 등이 발견되었다고 한다.[49)]

월성 외곽에 유구 확인을 위해 1984년부터 1985년까지 시굴조사를 실시하였다. 이때의 조사에서 성벽의 방향을 따라 가, 나, 다, 라 4개의 조사

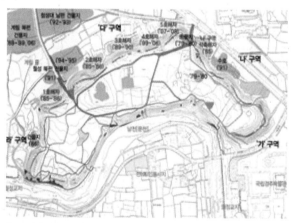

〈그림 14〉 월성해자 주변지역
　　출처: 국립경주문화재연구소, 2009.
　　해석: 경주 월성의 성벽을 따라 '가', '나', '다', '라' 네 개의 지역으로
　　나누어 조사하였다.

---

49) 국립경주문화재연구소, 2009

구역이 설정되었으며 당시의 구획 및 조사방법이 현재에도 이용되고 있다. 시굴조사에서는 성벽에 따라 폭 4m, 길이 10여m의 트렌치를 20여개 설치하였다.

〈표 1〉 월성해자 조사현황

시기	조사지역	주요 조사내용
일제강점기	월정교지 부근 성벽	성벽 절개
1979~1980년	성벽 북동편 내부 일부	동문지 확인 및 성벽조사
1984~1985년	월성 외부 전역	시굴조사-해자 및 건물지 일부 확인
1985~1989년	월성동편	'나'구역 석축해자('85)
1985~1989년	월성북편	'다'구역 1·2호 해자('85~'86)
1985~1989년	계림북편	건물지('88~'89)
1985~1989년	월성북편	'다'구역 3호 해자 서편('89)
1990~1995년	월성북편	'다'구역 3호 해자 동편('90)
1990~1995년	첨성대 남편 및 월성북편	적심건물지, 굴립주건물지('91~'95)
1990~1995년	월성동편	수로, 출입시설('91)
1999~2006년	월성북편(석빙고 북편)	'다'구역 4호 해자('99~'06)
1999~2006년	계림북편	황남동 123-2번지 건물지('06)
2007~2008년	월성북편(석빙고 북편)	'다'구역 5호 해자

※ 출처: 국립경주문화재연구소, 2009.

이 조사를 통해 성벽을 따라 설치된 여러 개의 해자가 수로로 연결되어 있다는 것을 최초로 확인 하였으며 각종 토기, 기와, 인골 등 다양한 유물이 출토되었다.[50]

---

50) 국립경주문화재연구소, 2009

〈그림 15〉 자연해자의 전경(월성 남쪽의 남천)
　　　출처: 필자 촬영.
　　　해석: 남쪽의 남천이 자연적 해자 역할을 하였다.

남천은 월성 남쪽을 흐르는 시내로서 월성의 자연적 기능을 한다. 시냇가에는 기암괴석의 암반이 널려 있고 맑은 물은 깊이 소沼를 형성하기도 하며 느티나무, 참나무, 소나무 등 수림과 어울려 유현한 경관을 형성하고 있다.

이 남천에 통일신라 이전의 다리로 유교楡橋, 귀교鬼橋가 있었고 경덕왕 19년760년에 설치된 춘양교春陽橋와 월정교月精橋가 있었다.「동경잡기」에 보면 일정교는 춘양교라고도 부르며 문천동에 있고, 월정교는 문천서에 있다 하였다. 경덕왕 때의 춘양교는 일정교로 다리 이름이 바뀌었으며 지금은 두 다리 유적이 남아 있다. 월정교의 유적 발굴조사를 실시한 결과 북측교대와 남측교대 거리는 60.56m이며 그 사이 4개의 교각이 있었다. 교각 간 거리는 12.55m이며, 남북교대와 교각 거리는 11.46m였다. 교각은 지대석 부분이 남아 있는데 길이가 약 13m이며, 폭이 약 2.8m였다. 이를 종합해보면 월정교는 다리 전체 길이가 약 63m, 폭이 11m 정도의 큰 다리로 추정된다. 월성 남쪽의 이 남천은 암반과 맑은 물이 흐르고 그 위에 아름다운 다리들이 설치되어 있었다.[51] 현재 월정교는 발굴과정에서 확인된 신라시대의 기초를 활용하여 복원하였다.

연못형 해자는 해자와 건물지 일부를 확인한 시굴결과를 바탕으로 각 구역별로 해자의 규모와 축조방식에 대한 조사를 실시하였다. 조사 결과 월성 동쪽 '나'구역에서 1기, 북쪽 '다'구역에서 5기의 해자 시설이 발견되었다.[52]

'나'구역의 석축해자1985년는 월성 동쪽에서 발견된 해자로 북·동면은 직선, 성벽에 닿는 면은 부드러운 곡선을 이루고 있다. 규모는 총 길이 약

〈그림 16〉 '나'구역 석축해자 출수구   〈그림 17〉 '나'구역 수로

출처: 필자 촬영.
해석: 월성 동쪽에서 발견된 해자로 북, 동면은 직선으로 성벽에 닿는 면은 부드러운 곡선을 이루고 있으며 입수구와 출수구를 두어 수면이 항상 일정한 높이를 유지하도록 하였다.

---

51) 정재훈, 1996
52) 국립경주문화재연구소, 2009

〈그림 18〉 1호 해자 전경   〈그림 19〉 1호 해자 북쪽 외곽선 집터

출처: 필자 촬영.
해석: 계림에서 월성으로 뻗은 도로 좌우에 위치하며 부정형 해자이다. 해자의 남쪽은 성벽을 따라 곡선을
이루고 북쪽 외곽은 거의 직선으로 되어 있으며, 북쪽 외곽선을 따라서 회랑처럼
긴 형태의 집터가 발견되었다.

200m, 면적 1,151㎡로 입수구와 출수구를 두어 수면이 항상 일정한 높이를 유지하도록 하였다. 석축은 50×60㎝ 정도 크기의 다듬은 석재(할석)를 이용하여 기초시설 없이 축조되었으며, 안압지와 유사한 축조방식으로 보아 월성과 안압지를 잇는 조경시설이었던 것으로 추정된다.

'다' 구역 1호 해자1985~1986는 계림에서 월성으로 뻗은 도로 좌우에 위치하며, 길이 약 155m, 최대 폭 약 50m, 면적 3,587㎡의 부정형 해자이다. 해자의 남쪽은 성벽을 따라 곡선을 이루고, 북쪽 외곽은 거의 직선으로 되어 있으며 20~30㎝의 자연석을 2~3단으로 쌓아마감하였다. 북쪽 외곽선을 따라서 회랑처럼 긴 형태의 집터가 발견되었다.

'다'구역 2호 해자1985~1986는 1호 해자의 동쪽에 위치하며, 길이 약 76m, 최대 폭 약 28m의 부정형 해자이다. 원래는 1호 해자와 하나의 해자를 이

<그림 20> 2호 해자 전경(1)　　　　　　　　<그림 21> 2호 해자 전경(2)

출처: 필자 촬영.
해석: 1호 해자의 동쪽에 위치하며 부정형 해자이다. 성벽과 맞닿는 쪽에서 15~20cm 크기의 냇돌로 짠
　　　석렬이 발견되어 해자의 석축시설로 확인되었다.

루고 있었으나 흙, 모래 등이 유입되어 둘로 나뉜 것으로 추정된다. 성벽과 맞닿은 쪽에서 15~20㎝ 크기의 냇돌로 짠 석렬이 발견되어 해자의 석축시설로 확인되었다.

‘다’구역 3호 해자1989~1990는 2호 해자의 동쪽에 위치하며, 길이 약 110m, 최대 폭 약 28m의 부정형 해자이다. 10~15㎝ 크기의 냇돌로 축조되었으며, 후대에 해자의 규모가 축소되어 냇돌과 할석을 섞은 2차 석축을 쌓았다. 해자 북쪽에서는 수혈주거지, 수혈군 등이 발견되었다.

‘다’구역 4호 해자1999~2006는 장방형에 가까운 평면 형태로 길이 약 60m, 최대 폭 약 35m의 석축해자이다. 초축 후 2차에 걸쳐 개축되었는데 가장 바깥쪽에 30~50㎝ 크기의 냇돌을 3단 내외로 쌓은 1차 해자, 약 5m 안쪽에 할석을 이용하여 쌓은 2차 해자, 다시 약 5m 안쪽에서 냇돌과

〈그림 22〉 3호 해자 전경(1)

〈그림 23〉 3호 해자 전경(2)

출처: 필자 촬영.
해석: 2호 해자의 동쪽에 위치하며 부정형 해자이다. 해자의 규모가 축소되어 냇돌과 할석을 섞어
2차 석축을 쌓았다. 해자 북쪽에서는 수혈주거지, 수혈군 등이 발견되었다.

할석을 섞어서 쌓은 3차 해자가 확인되었다. 할석으로 쌓은 2차 해자가 가장 정연하며 가까운 곳에 위치한 '나'구역 석축해자, 안압지(월지) 호안석축과 유사한 축조방식을 보여 같은 시기에 조성된 것으로 추정된다. 4호 해자의 동·서쪽 양쪽에서는 3·5호 해자와 연결된 석축수로가 발견되었다.

'다'구역 5호 해자2007~2008는 '나'구역 석축해자와 좌우 대칭되는 위치에 있는 석축해자이다. 평면은 'ㄱ'형태로 서쪽은 넓고 동쪽으로 갈수록 폭이

〈그림 24〉 4호 해자 전경. 출처: 필자 촬영

〈그림 25〉 4호 해자 석축. 출처: 필자 촬영

줄어든다. 길이 약 50m, 최대 폭 약 30m이며 서쪽은 유구가 잘 남아 있으나 동쪽으로 갈수록 상태를 파악하기 어렵다. 초축 후 3차례에 걸쳐 개축되었는데 1차와 2차 해자는 냇돌로, 3차와 4차 해자는 할석으로 축조되었다. 성벽 쪽에서는 해자 석축 아랫부분에서 성벽의 축대로 보이는 또 다른 석렬이 발견되어 해자 조성 이전에 성벽공사가 이루어진 것으로 추정된다. 4호와 5호 해자를 연결하는 수로부근에서는 석축해자 조성 이전의 것으로 추정되는 나무말뚝이 발견되었다.

〈그림 26〉 5호 해자 동쪽 전경

〈그림 27〉 5호 해자 서쪽 전경

출처: 필자 촬영.
해석: '나'구역 석축해자와 좌우 대칭되는 위치에 있는 석축해자이다.

낙안읍성 해자는 성곽 주변에 땅을 파거나 자연적인 지형지물을 이용하여 성의 방어력을 높이는 기능을 가진 성곽 시설물의 하나로 해자는 적의 침입에 장해가 되는 하천이나 바다 등을 이용한 자연적인 해자와 인공적으로 호를 파거나 고랑을 낸 인공해자로 나눈다. 우리나라의 해자는 삼국시대부터 도성과 읍성 등에서 자연적인 해자를 위주로 널리 이용되었는데 자연 이용이 곤란한 지역은 인공적으로 설치하였다.

해자의 설치는 성벽에서 일정한 간격을 두고 넓고 깊게 파는 것이 보통이다. 또한 성곽 외부에만 있는 것이 아니고 내부에도 시설이 설치되어 있는 곳이 있는데 성 밖에 있는 해자는 방어력을 높이는 것 외에도 지반을 다지는데도 중요한 역할을 하였다.

이 곳 낙안읍성의 해자 역시 자연적인 냇물을 이용한 자연적 해자와 인공적 해자를 설치한 절충형이라고 볼 수 있다. 이는 성곽 북쪽에 위치한 금전산 동쪽 쇠산 계곡의 물이 흘러 성곽 동편을 따라 성벽 남쪽 남문 앞으로 빠져 들판을 지나 서천과 합류하며 옥산 앞을 지나 바다로 들어간다.

해자는 넓이 3m 정도, 깊이 1.5~2m로서 적의 침입을 일시 차단, 방해하는 기능을 하였다고 보며, 원래는 동편을 따라 평촌마을 서쪽 남대리 당산 앞으로 가로질러 흘렀다고 하는데 물이 굽이 흐르다 보니 수해가 날 염려가 많았으며, 풍수 지리적으로 청룡동천의 기氣가 드센 관계로 고을 아전이 드세다고 하여 청룡의 흐름을 "S"자로 꺾어 흐르게 함으로서 기를 꺾을 수 있었다고 전해져 오는가 하면 성곽 북쪽의 물이 서문 쪽으로 흘렀는데 서문 쪽에 원님의 애첩이 있어 홍수가 나면 이 애첩의 집이 자주 잠기고 수해를 입어 물길을 동쪽으로 모두 빠지도록 하였다는 이야기도 전하여 오고 있다.

아무튼 북쪽 성과 너머 지형을 보면 옛날 물길해자이 있었던 것은 사실이다. 현재 남아 있는 해자의 길이는 약 596m이다.[53]

〈그림 28〉 낙안읍성 해자 상류

〈그림 29〉 낙안읍성 해자 하류

〈그림 30〉 낙안읍성 해자 중류

〈그림 31〉 낙안읍성 해자 상류

출처: 필자 촬영.
해석: 낙안읍성 해자는 자연적 해자와 인공적 해자를 설치한 절충형 해자이며 넓이는 3m정도, 깊이는 1.5~2m로서 적의 침입을 일시 차단, 방해하는 기능을 하였다.

---

53) 송갑득, 2006

중국의 해자

황성은 자금성을 둘러싸고 있는 관아지구라 할 수 있다. 현재 황성의 성벽은 남아 있지 않고 자금성만 넓은 해자와 높이 7.9m 성벽으로 둘러싸여 있다. 성벽은 각 방위마다 각기 1개씩 4개의 성문으로 관통되어 있고 이 중에서 남북을 관통하는 두 개의 성문이 자금성의 시작과 끝을 구성하는 중요한 성격을 가지며 동·서측 성문은 남문으로 약간 치우쳐 주로 남쪽으로 배치된 공적이고 의도적인 장소에 쉽게 연결되도록 했다. 남북 축을 기준으로 평면은 상·중·하의 세 부분으로 나뉘며 이 중에서 중앙 부분에 거의 모든 주요 건물이 배치되어 있다. 이것에 중요한 세 건물이 놓여 있고, 이것은 다시 회랑이 있는 높은 단으로 둘러싸여 있으며 이것은 작은 내정으로 재분할된다.[54]

삼전三殿은 태화전, 중화전, 보화전으로서 이것은 세 개의 피라밋형으로 생긴 기단 위에 자리한다. 그리고 이 자금성 내에 금수하(金水河)라는 인공 냇물이 북쪽에서 흘러들어와 년문年門 바로 안에서 금수교라는 5개의 아름다운 대리석 다리를 만들고 다시 북쪽으로 방향을 바꾸어 매우 동적인 형태로 흐르고 있어 대칭적이고 규칙적인 이 공간에 변화와 다양성을 준다.

금수교가 있는 중정은 외정으로서 크기가 180m×180m 정도이며 삼전이 위치한 내정은 보다 작은 중정으로 분할되어 그 용도에 따라 기능을 분담한다. 중심축에 따라 회랑을 끼고 남쪽으로 내려가면 황성의 남쪽 입구라 할 수 있는 천안문에 다다른다.[55]

자금성의 성벽은 높이가 7.9m이고 둘레의 길이가 3,428m이며 15겹의

---

54) 신미정, 1998
55) 이규목, 1998

벽돌을 사용하였는데 모두 찹쌀에 흙을 반죽하여 다져 넣어 매우 견고하다. 성벽의 네 모퉁이에 있는 각루는 적을 감시하는 작용을 할 뿐만 아니라 설계가 정밀하고 아름다워 장식작용도 하고 있다. 사방을 볼 수 있는 3층의 형태 건물로 9개의 대들보, 18개의 기둥, 72개의 용마루로 구성되어 있으며 고궁의 대표적인 건축물이다. 호성하護城河는 통자하筒子河라고도 불리며 폭이 52m, 깊이 6m이며 자금성 성벽을 에워싸고 있다.[56]

〈그림 32〉 자금성 해자 외호

〈그림 33〉 자금성 해자 외호

〈그림 34〉 자금성 해자 외호

〈그림 35〉 자금성 해자 외호

출처: 필자 촬영.
해석: 자금성의 성벽은 높이가 7.9m이고, 둘레의 길이가 3,428m이며 15겹의 벽돌로 사용하였는데
　　　모두 찹쌀에 흙을 반죽하여 매우 견고하며 해자가 자금성 성벽을 에워싸고 있다.

---

56) 万博藝林圖書 有限公司, 2008

일본의 해자

에도성 해자는 일본 성곽의 전형적인 특징이다. 에도성은 평지에 쌓은 성으로 교토의 쇼군이 지내던 성인 니조성이 해자가 작은데 비해 에도성은 전국시대 도쿠가와 이에야스의 근거지였던 까닭에 해자가 있고 방어 시설이 많은 것이 특징이다. 해자는 내성역의 외측에, 중성역을 주호로 구별되며, 내부는 에도시대에 무사들의 땅으로서 외측에는 외호로 둘러싸여 있고, 성하거리를 구획했던 성과 성읍의 외곽을 축조하였다. 외호의 남쪽에

〈그림 36〉 에도성 해자 외호

〈그림 37〉 에도성 해자 외호

〈그림 38〉 에도성 해자 내호

〈그림 39〉 에도성 해자 외호

출처: 필자 촬영.
해석: 에도성 해자는 중호와 외호로 이루어져 있으며 적의 침입을 1차적으로 방어하기 위하여 이중으로 설치하였다.

는 어병어전御兵御殿의 성이 지어졌고 해자는 중호와 외호로 이루어져 있으며 적의 침입을 1차적으로 방어하기 위하여 이중으로 설치되었으며 해자의 폭은 약 50m, 성의 높이는 약 30m이다.[57]

니조성 해자는 성의 바깥에는 성문이 동서남북으로 1개씩 있다. 정문은 오리가와 대로에 접한 히가시오테문東大手門이다. 남문은 다이쇼 4년1915년에 축조된 것으로, 이 남문과 서문은 바깥 해자 위에 놓인 다리가 철거되어 폐쇄되었다. 또 북문인 기타오테문北大手門도 평상시에는 문이 닫혀 있다. 이 밖에도 성 안에는 5개의 성문이 있다. 니노마루를 동서로 가르는 기타 나카지키리 문과 미나미 나카지키리 문, 니노마루와 혼마루를 연결하는 통로 입구인 나루코 문과 모모야마 문, 그 길을 따라 혼마루 입구로 오면 야구라 문이 있다.

성들 주변에는 성을 둘러싼 방어수로인 해자가 있고, 해자는 성곽내부를 방어하기 위한 토대를 마련하였다. 성의 높이는 대체로 물 수위로부터 15m이며 폭은 약 40m이다.

여러 겹의 성벽이 성을 둘러싸고 있으며, 성 중심부에는 성 주변 전체를 조망할 수 있는 텐슈가쿠라天守閣는 누각이 자리하고 있다. 또한 거대한 성벽과 해자, 텐슈가쿠라로 이어진 탓에 적이 기어오르지 못하게 거대하고 견고한 성채가 많이 발달했다.[58]

---

57) 安藤 卓, 2010
58) Yoshihiro Kawamura, 2006

〈그림 40〉 니조성 해자 내호 　　　　〈그림 41〉 니조성 해자 외호

〈그림 42〉 니조성 해자 외호 　　　　〈그림 43〉 니조성 해자 내호

출처: 필자 촬영.
해석: 성들 주변에 성을 둘러싼 방어수로인 해자가 있고, 해자는 성곽 내부를 방어하기 위한 토대를 마련하였다.
　　　성의 높이는 대체로 물 수위로부터 15m이며 폭은 약 40m이다.

　　오사카성의 방위상 약점은 대지의 높이가 같은 남쪽이다. 요도가와 강
의 본류가 흐르고 있어 천연의 요새이고, 또 수로로 일본 서부에서 교토
지방으로 물자를 수송하려면 이 요도가와 강을 통해야 했기 때문에 교통
의 요지이기도 하다. 오사카성이 위치한 대지의 북단은 북, 동, 서쪽의 대지
보다 상대적으로 높았기 때문에 두루 조망할 수 있다. 그리고 북쪽에서 흐
르는 요도가와 강의 지류를 이용해 성 안 해자에 물을 채우기도 했다.[59]

---

59) 前田博雄, 2006

소화昭和 34년에 행하여진 오사카성 종합 학술조사에서 해자의 깊이는 약 10m, 흙 속에서 석할이 발견되었으며, 풍신豊臣시대의 석할로 밝혀졌다. 현재 오사카성의 연구는 새로운 연구 단계로 접어들고 있지만 그 성에 관하여 의혹의 부분이 많으며 아직도 해결되지 않고 있다. 해자의 남측 사꾸라문의 흙다리는 정면 입구와 좌우를 양거석으로 14단 또는 11단으로 축조되어 있으며 사꾸라문의 이름은 풍신시대부터 있었지만 현재의 문은 명치明治시대 20년에 구육군에 의해 재건되어진 것이다.

〈그림 44〉 오사카성 해자 외호

〈그림 45〉 오사카성 해자 외호

〈그림 46〉 오사카성 해자 외호

〈그림 47〉 오사카성 해자 외호

출처: 필자 촬영.
해석: 성의 중심이 되는 혼마루을 둘러싸고 있는 내호는 동, 북, 서의 삼면이 수호로 남면은 물이 없는 호로 되어 있다. 최근에 외호를 복원하여 물을 넣어 아름다운 경관으로 되살아나게 하였다.

성의 중심이 되는 혼마루을 둘러싸고 있는 내호는 동, 북, 서의 삼면이 수호로, 남면은 물이 없는 호로 되어 있다. 풍신시대에 그러한 것이 정확히 밝혀졌다. 그것은 방어상의 이유라기보다는 남고북저南高北低의 지형상의 제약에 의한 것이라고 본다. 또한 혼마루의 석단은 높이가 24m에 달한다. 그 근처에 걸쳐있는 큰 소나무와 섞은 소나무 뿌리가 남아 있다. 명치시대 초기 육군 병기창이 만들어진 후 일본의 군국화에 발맞추어 부지의 확대로 성지의 경관이 현저히 파괴되었다. 그 때문에 구관旧觀은 유지할 수 없었으며 외호는 완전히 매립되어 버렸다. 그러나 최근에 매립되었던 동 외호를 복원하여 물을 넣어 아름다운 경관으로 되살아나게 했다.[60]

---

60) 安藤 卓, 2010

해자의
문화적 해석

해자란 성 외곽에 자연적 하천을 그대로 이용하거나 인공호수 등의 인공적 시설을 설치하여 군사적으로 방어 역할을 하고 경계를 구분하고자 설치되는 시설로서 저수하거나 둔덕을 만들어 적의 침입 시 장애를 주어 방어에 효과적인 시설이었다.

일반적으로 우리나라의 산성에는 특수한 경우를 제외하고는 해자나 황의 시설들이 없는데 이것은 우리나라는 입지적으로 산을 의지하여 성을 쌓았기 때문이라고 볼 수 있으며, 우리나라 성곽의 취약점이라 볼 수 있다. 해자는 적의 침입을 방어하기 위하여 입지적 여건을 고려하여 호를 파서 적을 막고 성의 뿌리에 물이 스며들지 못하게 하기 위해서는 반드시 파야 하는 것이었다.

해자의 설치는 성벽에서 일정한 간격을 두고 넓고 깊게 파는 것이 보통이며 성의 외곽에만 있는 것이 아니라 내부에도 시설이 설치되었는데 성 밖에 있는 해자는 방어력을 높이는 것 외에도 지반을 다지는데 중요한 역할을 하였다. 또한 해자는 물이 있어 접근을 제한하며, 낮은 벽이나 담장은 경계를 물리적으로 분리시키지만 해자는 열린 공간으로 시각적 특성을 살려 경계 및 방어 수단을 가지면서 멀리 떨어진 산봉우리나 근처의 나무도 정원 안으로 차경 할 수 있게 한다.

해자를 각 나라별로 달리 표현하였는데 한국에서는 성 주위에 둘러 판 못을 말하며, 경계선 안에 있는 해자를 내호라 하고, 경계선 밖에 있는 호를 외호라 하며, 호, 호벽, 중호, 지 등으로 불렀다. 중국에서는 성벽 주위에 둘러진 방어용 못을 의미하며, 성하, 성호, 성지, 성구, 성참, 호구 등으로 불렀다. 일본에서는 해자를 호리堀라 부르며, 용도에 따라 여러 가지로 불렀다.

낙안읍성의 해자는 자연적인 냇물을 이용한 자연적 해자와 인공적 해자를 설치한 절충형 해자라 볼 수 있다. 성곽 북쪽 쇠산 계곡의 물이 흘러 성곽 동편을 따라 남문 앞으로 빠져 들판을 지나 서천과 합류하며 옥산 앞을 지나 바다로 들어간다. 해자의 넓이는 3m정도이며 깊이는 1.5~2.0m로서 적의 침입을 일시 차단, 방해하는 기능을 하였으며, 원래는 동편을 따라 평촌마을 서쪽 남대리 당산 앞으로 가로질러 흘렀다고 하는데 물이 굽이 흐르다 보니 수해가 날 염려가 많았으며, 풍수 지리적으로 청룡(동천)의 기가 드센 관계로 고을 아전이 드세다고 하여 청룡의 흐름을 "S"자로 꺾어 흐르게 함으로써 기를 꺾을 수 있었다고 한다.

중국의 자금성은 성벽의 높이가 7.9m이고 둘레의 길이가 3,428m이며, 15겹의 벽돌을 사용 하였는데 모두 찹쌀에 흙을 반죽하여 다져 넣어 매우 견고하다. 자금성의 해자는 폭이 52m이며, 깊이는 6m로 자금성 성벽을 에워싸고 있어 적의 접근을 차단할 수 있었다.

일본의 성은 성 주변에 매우 많은 원의 배치와 다양한 패턴의 해자를 가지고 있어 정교하다. 외호는 일반적으로 성 이외의 기타 지원 건물을 보호하는데 사용되었다. 일본의 많은 성은 역사적으로 각 각의 도시에 있어 매우 중심적인 부분이 되었다. 해자가 도시에 있어 수로 역할을 하였으며, 활동적인 행동 즉, 보트놀이, 배낚시, 레스토랑 등의 레저시설이 설치되어 도시민들의 스트레스를 해소하고 삶의 활력을 불어 넣을 수 있었다.

에도성 해자는 일본 성곽의 전형적인 특징이다. 해자는 내성역의 외측에 중성역을 주호로 구별되며 내부는 에도시대에 무사들의 땅으로 외측에는 외호로 둘러싸여 있고 해자는 중호와 외호로 이루어져 있으며 해자의 폭은 50m이고 성의 높이는 약 30m로 적의 침입을 1차적으로 방어하기 위하여 이중으로 설치되어 적의 접근을 제한할 수 있었다.

니조성 높이는 대체로 물 수위로부터 15m이며, 폭은 약 40m로 성들 주변에 방어 수로인 해자 있고 해자가 성곽 내부를 방어하기 위한 토대를 마련하였다.

오사카성 해자는 깊이가 약 10m이며, 흙 속에서 석할이 발견되었다. 성의 중심이 되는 혼마루를 둘러싸고 있는 내호는 동, 북, 서의 삼면이 수호로, 남면은 물이 없는 호로 되어 있으며 최근에 복원한 외호에 물을 넣어 아름다운 경관을 볼 수 있게 하였다.

해자 문화의
복원적 의미

풍수지리는 우리민족의 기층적 사상 체계를 이루어 온 수많은 사상들 중 하나로 신라 이후 우리 민족에게 깊은 영향을 끼친 관념임을 부인할 수 없다. 우리 조상들은 대상지가 들어설 부지를 선정하는데 풍수지리를 기준으로 삼았으며, 현대 과학만큼이나 신뢰했던 전통지리관 내지 삶의 철학이었다. 자연을 이해하고 좋은 자리를 찾아 지역 특유의 정취를 이용하여 입지를 선정하였으며, 성의 위치를 정할 때에도 풍수지리를 고려하여 좋은 곳에 위치하였다. 성을 둘러싸고 있는 해자는 자연이라는 진경 속에 선조들의 삶과 문화가 공간 속에 설득력 있게 배어든 역사·문화적 경관의 표상이며, 역사 경관의 전통성을 대변한다.

한국의 해미읍성 해자는 성 밖에서 그 흔적이 확인되었는데 현재는 북벽에서만 기존의 해자를 발굴한 자료를 가지고 근접하게 복원해 잔존해 있다. 해자는 성벽에서 8m정도 떨어진 지점에서 상부 폭은 9~10m, 하부 폭은 4~5m, 깊이는 2~2.4m, 길이는 약 500m의 크기로 남아 있다. 해자와 성벽 사이의 공간에는 부분적으로 탱자나무가 심어져 있어 해미읍성을 태자성으로 불리기도 하였다.

경주 월성 해자는 월성 남편을 만곡되게 흐르는 자연 하천남천을 그대로 이용한 자연해자와 성벽 기단부를 따라 평면 부정형의 못을 파고 냇돌로 호안을 구축한 연못형 해자, 그리고 연못형 해자를 메우고 정다듬한 화강암을 평면 삼각형으로 정연하게 쌓은 월성 동편 석축해자로 구분되며, 이 중 연못형 해자는 월성 동, 북, 서편에서 확인되었는데 동에서 서로 경사를 두어 독립된 연못처럼 단을 지워 조성하였으며, '다'구역 1호 해자 북쪽 외곽선을 따라서 회랑처럼 긴 형태의 집터가, '다'구역 3호 해자의 북쪽에서는 수혈주거지, 수혈군 등이 발견되어 복원자료로 이용될 수 있다.

해자는 고대로부터 중세에 이르기까지 동·서양에서 존재 하였으나 현재는 사라져 가고 있는 우리의 전통문화로서 군사적 방어 기능으로부터 공간을 구분하는 경계 수단으로, 지반을 다지는 중요한 역할을 하였으며 역사적으로 고대로부터 중세, 유럽, 아시아, 미국 등에서 존재하였다. 또한 해자는 물을 이용한 다양한 문화 활동과 동물들의 서식처 제공 등 역사·문화적 가치가 큰 우리의 전통공간이므로 현대 문화공간에 적극 활용할 가치가 있다.

| 참고문헌 |

국립경주문화재연구소(2009). 월성해자. pp. 1-6.

신미정(1998). 해자의 조경적 활용방안 - 파리공원을 중심으로 -. 고려대학교 자연자원대학원 석사학위논문.

심정보(1999). 한국읍성의 연구. 학연문화사. p. 386.

송갑득(2006). 낙안읍성. 순천시. pp. 128-129.

안덕임, 문상종(2008). 해미읍성 Ⅳ. 한서대학교 박물관 총서 10: 16-66.

이규목(1988). 북경의 고대도시 경관. 환경과 조경 26: 93-95.

이상준(1997). 경주 월성의 변천과정에 대한 소고. 영남고고학 21: 123-162.

이원근(1980). 삼국시대 성곽연구. 단국대학교 대학원 석사학위논문.

장경호(1987). 해자의 기원과 그 기능에 관한 고찰. 삼불 김원룡 교수 정년퇴임기념 총론집 Ⅱ: 465-475.

정용조, 박주성, 심우경(2010). 경주월성의 해자(垓字)에 대한 고찰. 한국전통조경학회지 28(2): 37-44.

정용조, 박주성, 심우경(2010). 동·서양 해자(垓字)의 비교 고찰. 한국전통조경학회지 28(3): 29-38.

정재훈(1996). 한국전통의 원. 도서출판 조경. pp. 13-47, 610-611.

차용걸(2003). 한국의 성곽. 눈빛. p. 114.

허경진(2001). 한국의 읍성. 대원사. p. 79.

Yoshihiro Kawamura(2006) Nijo Castle World Heritage. 京都新聞出版. pp. 44-49.

安藤 卓(2010). 新版名城 江戶城. 圖書印刷. pp. 28-29.

安藤 卓(2010). 新版名城 大坂城. 圖書印刷. pp. 26-29.

前田博雄(2006). 大坂城. 淸文堂出版. pp. 20-43.

竹島卓一(1970). 中國の 建築. 소학관. pp. 12-14.

万博藝林圖書 有限公司(2008). 紫禁城. 外文出版社. p. 8, 87.

| 인테넷 자료 |

http://blog.naver.com/pondfire/140049509772.

http://blog.naver.com/3byuno/43836766.

http://cafe.dau.net/greatchosunsa/BURT/51.

http://cafe.daum.net/jyzit/Jiy6/319.

http://en.wikipedia.org/wiki/moat.

http://opentory.joins.com/index.php.

02

풍류風流와 한국의
전통문화공간

권오만

풍류의 문을 열며

화랑은 삼국통일의 주역이며 국가의 중추적 인재를 양성하고 공급하는 기관으로서의 역할을 담당하였다. 화랑의 무리를 다른 말로는 '선도仙徒'라고도 하였는데 이들은 중국 선도仙道에서 추구하는 장생불사의 도교적 수행의 형태와는 다른 방법인, 우리민족 고유의 수련활동을 통해 신체를 단련하고 문무를 겸비한 청년 단체였다.

이들 청년단체의 시원과 형성, 발전, 계승의 맥락에 대해 객관적으로 입증된 사료나 관련 자료는 다소 부족하지만 조금 더 오랜 역사의 근원적인 시기로 거슬러 올라가면, 배달의 제세핵랑을 시초로, 고조선의 국자랑, 천지화랑, 고구려의 조의선인, 백제의 무절, 신라의 화랑, 고려시대의 선랑과 국선, 그리고 조선시대에 와서는 선비도로 그 맥이 계승되어 왔다. 이들은 아름다운 경승을 찾아다니며 자연과 동화되어 학문과 무예를 익히고 수양·수련을 하는 등 우리민족 특유의 수련방법을 통해 심신을 단련하여 충성스런 신하와 훌륭한 장수, 용감한 병졸로 양성되었는데 바로 그 중심에는 우리민족 고유의 원시종교이자 화랑의 중심사상이었던 풍류風流, 풍류도風流道가 있었다고 할 수 있는데 풍류는 한국의 원시적 고유종교로서의 역할을 해오다 신라 때에 풍류도로서 완성된 체계적 형태를 갖추게 되었다.

풍류 또는 풍류도에 대해 다양한 의미의 해석과 정의를 내릴 수 있겠지만 이를 한마디로 요약한다면 화랑의 중심사상인 낭가사상, 즉 화랑이 터득한 민족의 얼이라 할 수 있으며, 이는 유교儒教, 불교佛教, 도교道教로 대변되는 외래삼교 이전부터 전래해 와서 민족 고유의 사상과 호국정신을 함양한 특유의 전통문화로 발전하여 왔다.

풍류에 대한 공식적인 기록은 고운 최치원으로부터 시작되었는데 고운은 난랑비 서문鸞郎碑 序文[1]에서 "우리나라에는 현묘한 도가 있다. 이를 풍류라 하는데 이 교를 설치한 근원은 「선사仙史」에 상세히 실려 있거니와, 실로 이는 유·불·도 삼교를 포함한 것으로 모든 민중과 접촉하여 이를 교화하였다."라 하여 풍류는 유교, 불교, 도교가 유입되기 이전부터 존재한 현묘한 도로써 화랑의 중심적 사상이었음을 알리고 있다.

신라 화랑의 사상적 근간이며 우리 민족 특유의 문화인 풍류의 가장 큰 특징 중 하나는 그 특별한 수련방법에 있다고 할 수 있는데 풍류의 핵심적인 수련 방법은 첫째 도의로써 서로 인격을 닦는 상마이도의相磨以道義, 둘

---

[1] "國有玄妙之道 曰風流, 說教之源, 備詳仙史, 實乃包含三教, 接化羣生, 且如入則孝於家, 出則忠於國, 魯司寇之旨也, 處無爲之事, 行不言之教, 周柱史之宗也, 諸惡莫作, 諸善奉行, 竺乾太子之化也「三國史記」 新羅本紀 眞興王 37年條.

째 가무歌舞와 시가詩歌로서 예술적으로 즐기며 종교적 의미의 수련을 하는 상열이가락相悅以歌樂, 셋째 아름다운 산수를 찾아 맑고 신성한 자연의 정기 속에서 몸과 마음을 닦는 유오산수 무원부지遊娛山水 無遠不至라 할 수 있다. 신라 화랑은 이러한 수련과 수양을 통하여 국가에 헌신하고 낭도郞徒로서의 신의를 지키기 위하여 자신을 희생하였던 풍류도 정신을 바탕으로 삼국통일의 과업을 완수하였는데 이들이 전국 곳곳을 찾아다니며 수련하였던 자연공간은 풍광이 좋은 경승지요, 성지이자, 길지이며 좋은 기운을 얻을 수 있는 풍수적 명당인 혈穴 자리였다.

그러한 화랑의 수련처와 그곳에서 이루어진 풍류활동은 후대에 국토의 명소를 탐승하는 유산문화와 빼어난 자연경관을 찾아 즐기는 팔경문화, 그리고 문인들의 고상한 사교모임인 아집문화 등 다양한 형태의 공간·문화적인 계승을 하여 왔기에, 우리는 풍류에 대한 의미와 공간의 변천에 대해 규명해 볼 필요가 있다.

우리의 전통문화공간인 정원에서의 풍류활동을 확인하기 위해서 우리는 풍류활동에 대한 기록이 남아있는 시대를 망라한 옛 문헌과 특히 당시의 문화 및 생활상을 상세히 기록하고 묘사한 풍속화류의 회화자료를 통해 풍류활동의 모습을 살펴볼 필요가 있으며 이러한 풍류가 행해지던 공간과 활동의 변화 양상을 시대적 흐름에 따라 구분하여, 우리의 전통공간에서 행해지고 실재했던 풍류활동이 갖는 역할과 의미, 그리고 변화의 방향을 밝혀보고자 한다.

풍류의 정의

풍류에 대한 정의를 내리기 이전에 신라 때 제도적 완비가 이루어진 화랑에 대하여 정리를 해야 할 필요가 있는데 이는 우리의 전통사상으로서 화랑과 풍류를 따로 떼어놓고 설명할 수 없으며 그렇게 해서도 안 되기 때문이다. 또한 단순히 '풍류'라는 단어를 놓고 볼 때 중국에서 사용하던 풍류의 의미와 우리 고유사상 기원의 풍류 의미와는 근본적인 차이가 있어 풍류의 정의를 통해서 이에 대한 정리를 하고자 한다.

신라에서는 '화랑'이란 명칭을 한자를 빌려 쓴 이두문자로 표기하고 있는데 풍월風月, 풍월주風月主, 풍월도風月徒, 풍류風流, 풍류도風流徒, 화랑花娘, 원화原花, 원화源花, 화주花主, 화랑花郎, 화랑도花郎徒, 화도花徒, 낭도郎徒, 향도香徒, 국선화랑國仙花郎, 국선國仙, 국선도國仙徒, 선화仙花, 선랑仙郎, 선도仙徒, 선인仙人, 선인先人 등 약 22가지이다. 모두 풍류를 정신적 근간으로 활동하던 화랑의 별칭으로 이해할 수 있으며 이는 우리말 표기의 방법과 체계가 없었던 시기에 화랑의 무리를 한자로 표기하면서 달리 기록되었던 것이다.

'풍월주'란 명칭은 우리말 배달님[밝달님]의 이두문 표기이며, 배달님의 뜻은 배달나라, 즉 단국檀國을 위하고 맡은 임자요 주인이란 것이고 단군은 배달의 임금으로서 배달임금, 단군이요, 풍월주[화랑]는 배달나라의 임자로서 배달님[단주檀主]이다. 배달임금은 선비[仙人]로서 배달나라를 세우시고, 배달사람들의 얼과 길[道]을 가르치시고, 또 밝게 세상을 다스렸다.

배달임금이 배달사람들에 가르쳐 주신 도道는 배달사람의 길로서 곧 배달길[단도, 단국도]인데 이것을 신라에 와서 맨 처음 한자로 '풍월도=풍류도[배달길]라고 적었고, 또 이 배달길을 잘 알고 본받아 행하는 배달님들

[풍월주]을 뒷날에 '화랑'이라 적은 까닭에, 이에 따라 '배달길'을 '화랑도'라 적게 된 것이라 했는데 결국 풍류와 풍월, 화랑, 배달은 모두 같은 근원에서 나온 것임을 밝히고 있다.

이와 같이 화랑 또는 화랑도와 풍류는 서로 뗄 수 없는 관계이며 화랑의 정신적 근간으로써 풍류에 관한 가장 오래된 것으로 널리 알려진 기록은 앞에 서두에서도 밝혔듯이 최치원의 난랑비 서문으로 풍류는 유교, 불교, 도교가 우리나라에 도입되기 이전부터 존재하였던 현묘한 도로써 화랑의 중심적 사상이었음을 알리고 있다. 즉, 우리나라에는 유·불·도 삼교와는 다른 현묘한 도가 있었고 이에 대한 상세한 내용은 선사仙史에 적혀 있으며 그것은 유·불·도 그 어느 것도 아닌 풍류라 한다. 풍류는 우리나라에 이들 삼교가 유입되기 이전부터 존재하였던 중심 사상적, 종교적 의미의 도로써 삼교에서 중요시하는 근본사상을 모두 포함한 화랑의 근간이자, 나라의 중심이 되는 사상으로 이어져 왔으며 외래 종교의 영향을 받지 않고 자생적으로 발전·계승해온 풍류의 독자성과 사상적 우월성을 밝히고 있다.

또한 1세 위화랑부터 32세 신공까지의 신라 화랑, 즉 풍월주의 상세한 세보와 업적을 정리, 소개한 김대문의 「화랑세기」중 14세 풍월주 호림공편 화랑도와 불교의 융화에서 "공은 마음가짐이 청렴하고 곧았으며 재물을 풀어 무리들에게 나누어주었다. 그때 사람들이 탈의지장이라고 불렀다. 공은 낭도들에게 일러 말하기를 선불은 하나의 도다. 화랑 또한 불을 알지 않으면 안 된다. 우리 미륵선화와 보리사문 같은 분은 모두 우리들의 스승이다 하였다. 공은 곧 보리공에게 나아가 계를 받았다. 이로써 선불이 점차 서로 융화하였다."고 기록하고 있으며 이를 통해 볼 때 화랑은 불교를 포함한 삼교로부터 독립적으로 발전하여왔으며 이후 불교와의 융화가 시작되었음을 시사하고 있다.

한편으로 최치원이 언급한 「선사」에 대하여는 아직까지 그 실체를 확인할 수 없으나 장백위1997는 화랑도와 위진풍류 관계의 탐토에서 "국유현묘지도 왈풍류國有玄妙之道 曰風流). 설교지원說教之源。 비상선사備詳仙史"에서 '선사'는 차혹즉위 김대문지此或卽爲 金大問之 '花郎世記' 즉, 화랑세기를 선사로 제기하였고 이는 김대문의 화랑세기 발문에 다음과 같이 기록된 내용을 근거로 주장을 하고 있으나 아직까지 최치원이 언급한 선사가 화랑세기라는 내용은 확인되지 않았다.

선친이 일찍이 향음2)으로 '화랑세보'를 저술하였으나 완성하지 못하고 돌아가셨다. 불초한 내가 공사의 겨를에 그 낭정의 대체를 요약하고 파맥의 옳고 그름을 밝혀 선친이 옛일을 살피던 뜻을 잇고자 하였다. 이로써 선도의 역사仙史에 하나라도 보충할 것이 있었으면 한다.

'풍류'의 사전적 의미를 보면 ① 속된 일을 떠나서 풍치가 있고 멋들어지게 노는 일, ② 운치스러운 일, ③ 음악을 예스럽게 일컫는 말로 나타나 있다. 여기서 ③의 의미는 옛날에는 음악을 풍류라고도 말하였다 함인데, 오늘에도 악기장樂器匠을 통칭하여 '풍각쟁이'또는 '풍류쟁이'라고도 하는데,

---

2) 한자를 빌어 표현하지 않은 신라 때의 고유의 말소리

풍류를 풍정이란 뜻으로 생각하여 가무음곡류歌舞音曲類를 다루는 사람을 지칭한 것이었다고 보아진다. 그리고 ①, ②에 있어서는 사람 중에도 특히 운치스런 일을 하고 또 속된 일에도 거리낌 없이 멋스럽게 노는 이를 풍류남자니 풍류재상이니 풍류랑이니 하여 주로 호협한 기질을 가진 남성을 지칭키도 하였는데, 이러한 풍류적 남아들은 왕왕 고선인들의 유적을 탐방하여 속간을 떠나서 풍류생활을 즐겼음을 볼 수 있다.

'풍류가'라고 하면 풍류를 잘 하거나 좋아하는 사람이며, '풍류놀이'라고 하면 시도 짓고 노래도 하고 술도 마시고 춤도 추는 놀이를 일컫는 말로 나타나 있다. '풍류'라는 낱말은 현대 한국어에서 명사에 속한다. 그러나 풍류는 원래 '바람이 흐른다'와 같이 두 낱말로 이루어진 문장이었다. 원래 바람은 부는 것[blow]이고 물은 흐르는 것[flow]이기 때문에, 풍류라는 단어가 함축적으로 표현된 단어임을 알 수 있다. 즉, 풍류가 어느 한곳에 매여 있는 것이 아니라 바람처럼 흐르는 것이기 때문에, 현재 자신이 살고 있는 장소나 매인 일을 떠나서 노는 것을 의미하는 말이 되었음을 알 수 있다. 따라서 풍류를 '바람이 정체되거나 막히지 않고 흐르는 것'으로 생각해 보면 풍류라는 단어 속에는 '자유', '자연스러움', '변화', '움직임', '아름다움' 등의 개념이 포함되어 있다고 할 수 있다.

또한 풍류를 '속된 것을 버리고 고상한 유희를 하는 것'으로 풀이하기도 하며 과거에는 '풍류도'라 하여 유불도 삼교를 포함한 한국 고유의 정신을 나타내는 말로 쓰였지만, 현대적 의미의 풍류속에는 '여가'와 '놀이'라는 예술적 혹은 유흥적인 의미가 포함되어 사용되며 한편으로 풍류도는 삼교의 단순한 종합형태가 아니라, 오랜 옛날부터 자연발생적으로 생성·발전되어온 민족적 종교·사상이었다. 그러므로 당시의 신라사회에 아무리 외래의 유·불·도 삼교가 지배적인 세력을 형성하고 있었다 할지라도, 그것은 신라 문화의 표층에 국한되어 있었고 그 문화의 심층을 차지하여 가장 강력한 지배력을 발휘한 것은 풍류도였다. 그러므로 신라인은 비록 외양으로 보기에는 유학자요, 불승이요, 도사로 행세하고 있었다 할지라도 그들이 지향하고 있는 정신적 신앙적 이념은 풍류도였다. 풍류도는 신라인 공통의 정신적, 사상적 기조요 종교적 의지였다.

이러한 설명은 당시 신라 때 유교, 불교, 도교의 삼교의 이념이 있기 전 풍류도가 이를 포함한 종교적 형태로서 이미 존재하고 있었다는 설명이며 단군설화의 내용에서 볼 수 있는 삼교적 내용으로는, 첫째 "환웅이 늘 인간세상을 탐하고 있음을 환인이 알고 천부인 3개를 주어 다스리게 했다." 는 것에서 부자유친의 정을 느낄 수 있고 또한 "널리 인간을 이롭게 할 만하다."의 홍익인간 사상은 전통적인 유교정치이념인 왕도정치와 뜻을 같이함을 알 수 있다.

둘째, 유교적 요소로서는 환웅이 무리 삼천을 이끌고 내려와 풍백, 운사, 우사를 데리고 곡, 명, 병, 형, 선, 악穀, 命, 病, 刑, 善, 惡 등 인간삼백육십여사를 주관하였다는 내용에 나타난다. 이것은 불교적 하화중생 제도창생의 대도이다.

셋째, 단군설화의 내용 중 신인의 경지를 넘나드는 변화무상함과 동물이 사람으로 변화는 등 도가적 요소를 엿볼 수 있으며, 하늘에 환인이 있다는 것과 단군왕검이 고조선을 다스리다 산신이 되었다는 것도 도가적 내용임을 설명하여 유·불·도로 상징되는 외래 삼교의 유입 이전인 오래전부터 이미 삼교의 내용을 포함한 전통적 중심사상이 자리 잡고 있었음을 밝히고 있으며 이를 풍류 또는 풍류도로 설명하고 있다.

「한국철학사」에서는 '풍류도'는 인간이 천지와 자연에 의지하려고 할 때, 거기에서 생명의 근원을 체감하는 것이라면, 화랑도는 자연에서 얻어진 풍류성 즉 생명의 근원을 인간 집단에 매개하려는 행위이다. 따라서 풍류도는 인간 생명의 근원이 그 타고난 자연 속에 있음을 체감함으로써 영원한 생명, 무한한 생명, 절대의 생명에 감응된다고 믿고, 스스로 그 생명의 근원에 자기 생명을 계합시키려는 행위이다. 이에 대하여 화랑도는 풍류적 생명성을 자각한 인간들이 모인 집단으로, 인간들 간에 또는 국가나 사회에 이 풍류도의 대 생명력을 활용하려는 도라고 말할 수 있다고 하여 풍류도는 사상적 측면, 그리고 화랑도는 제도적 측면으로 구분하고 있다.

풍류의 문화가 가장 난만히 꽃피었던 시대이자 민족혼과 민족정기가 활화산처럼 용솟음치던 시기였던 삼국시대는 한마디로 풍류도의 성쇠와 민족 흥망의 운명을 함께 해왔다고 할 수 있었는데 신라의 삼국통일 이후 모화사상에 물들어 가면서 풍류도와 민족정기는 함께 쇠멸의 길을 걸어갔으며 풍류에 대하여 다양한 시각으로 살펴보았듯이 한국의 문화사적 전통 속에서 '풍류'라는 용어는 단일하게 정의될 수 없는 다양한 의미망을 지니며, 풍류는 문자적 의미로 '바람의 흐름'이라 하여 매인 바 없는 자유로운 정신, 탈속의 경지 추구를 내포하는데, 이는 노장과 도가사상을 기반으로 하는 동양의 철학, 예술 그리고 취미생활 전반을 통어하는 미학적 개념으

로 정의되기도 한다. 또한 풍류라는 용어는 신라 시대에는 '풍류도' 즉 고선
도와 같은 신앙적 개념으로 사용되었으나, 고려 시대에는 신라적 종교성을
의미하는 풍류와 더불어 자유로움을 추구하는 유오산수적 풍류의 개념에
예술적 의미가 부각되고 중국 진대의 호화로운 '연악宴樂'적 요소가 강조된
풍류 개념이 널리 사용되었다.

한편으로 고려 중·후기는 신라와 조선의 풍류 개념이 공존했던 시기로
이규보의 글에서도 좋은 경치와 시문, 가악과 술을 즐기는 유희풍류의 모
습을 살펴볼 수 있다. 이규보는 '풍류진風流陣'이라는 시를 지었는데,

「천보유사」에 이르기를 명황과 양귀비가 얼근히 취한 가운데 양귀비더러 백여
명의 궁녀들을 거느리게 하고 황제는 백여 명의 젊은 내시內侍들을 거느리고
대궐 안에 두 패로 벌려 섰는데 그것을 풍류진이라고 하였다. 그리고는 아름
다운 이불이나 비단옷 천을 펼쳐 깃발로 삼고 서로 공격하게 하여 지는 편에
게 벌로 큰 술잔에 술을 부어 마시게 하면서 희희낙락하였다. 사람들은 상서
롭지 못한 징조라고 수군거렸는데 과연 안록산의 난리가 터졌다고 한다.

으슥한 대궐 뜰 싸움놀이 벌려 놓고 비단이불 고운 옷 짙은 향기 풍기네 풍
류진을 벌려 놓고 명황은 우쭐하다. 도읍에 쳐들어온 반란군도 못 막았네[3].

---

3) 天寶遺事云, 明皇與貴妃至酒酣, 使妃子統宮妃百餘人, 帝統小中貴百餘人, 排兩陣於掖庭中, 目爲風流
陣, 以霞被錦袱, 張之爲幟,攻擊相鬪亂, 敗者罰巨觥, 以爲戲笑, 人議爲不祥之兆, 後果有祿山之亂, 禁掖
庭深關鬪鬪場, 錦衾霞被散濃香, 明皇謾有風流陣, 未禦胡雛犯上陽「東國李相國全集」卷第四 風流陣.

풍류진은 당 현종과 양귀비가 궁녀들을 거느리고 두 패로 나누어 겨루며 놀았던 유희를 말하는 것으로 화려하고 사치스런 놀이의 대명사이다. 비록 중국을 배경으로 한 고사라 할지라도 고려 시대에 이규보가 그 고사를 소재로 시를 썼다는 것은 이런 의미의 풍류 개념이 이미 일반화되어 있었음을 말해준다. 이 같은 연악적 풍류 개념은 궁중의 정재呈才[4] 만이 아니고, 일반 상층사회에 두루 보편화된 쓰임이라는 것이 드러난다. 경치 좋은 곳에서 뱃놀이를 하면서 술을 마시고 북도 두들기며 거기에 미색까지 포함된 것이 고려조 상층 귀족사회에 인식된 풍류 개념이다.

이러한 풍류의 의미는 고려시대에 이르면 풍류라는 말에 내포된 다양한 의미요소 가운데 놀이적·예술적 요소가 '선'의 의미와 대등하게 부각되다가, 조선시대에 이르면 거의 대부분이 종교성이나 선풍적 의미는 상실한 채 경치 좋은 곳에서 연회를 열고 술을 마시며 시를 짓는 것이 가장 일반적인 풍류의 형태로 일반화 되며 뱃놀이, 가무, 낚시, 기생 등과 같은 잡기적 취미도 풍류의 요소가 되어 나타난다. 그러나 풍류가 근본적으로 '노는 것'이라고 해도 그것이 외형적인 즐거움, 감각적인 쾌락, 겉으로 드러나는 현상만으로 그칠 경우에는 '풍류'라는 말이 사용되지 않았음을 여러 예를 통해서 알 수 있다. 문장이건, 주연이건, 가무건, 산수간에 노니는 것이건 간에 그것이 사물·현상의 극까지 추구해 들어가는 것일 때 비로소 '풍류'의 의미 영역에 포괄될 수 있다는 것이다. 이러한 이유는 풍류의 사전적 의미가 속된 일을 떠나 풍치 있고 멋스럽게 노는 일로 정의되지만, 거기에는 놀이적

---

4) 궐에서 잔치 때 하던 춤과 노래의 연예(演藝)

의미를 넘어서 미적인 것의 추구와 자연과의 교감 등 정신적 차원의 의미가 내재되어 있기 때문이다.

이렇듯 풍류에 대한 의미가 흥겨운 연회의 자리에서 즐겁게 노는 것을 의미하는 용례로 사용되고 있는데 조선 시대에 가장 일반화되고 가장 많이 쓰이는 풍류의 개념은 바로 이 범주이다.

12월에 관작을 삭탈 당했다가 다시 등용되었다. 오래지 않아서 영남을 안찰하면서 시서와 연악으로써 스스로 즐거워하였다. 촛불을 켜서 놀이 시간을 연장하기도 하였는데, 온 도에서 풍류관찰사라고 일컬었다「大東野乘」己卯錄補遺 상권 이청전.

이청이 경치 좋은 곳에서 연악의 자리를 베풀고 시문을 즐기며 밤새워가며 놀았다고 해서 '풍류관찰사'로 불렸다는 이야기이다. 또한 '동인시화'·하下의 "관동지방은 경치 좋은 곳이 많아 이곳으로 부임해 오는 사람들이 왕왕 풍류로써 즐겼다."와 같은 부분에서의 풍류 역시, 즐겁게 노는 것을 의미한다. 이와 유사한 예들은 무수히 찾아볼 수 있는데, 노는 내용이 무엇을 포괄하는가에 조금씩 차이가 있을 뿐이다.

조선시대 작자미상의 소설 '숙향전'에도 "좋은 음식과 풍악을 갖추어 대접하니 인간 세상에서 보지 못한 풍류였다."라는 부분이 나오는 등, 대개는 풍류지라고 불리는 경치 좋은 곳에서 술을 마시고 시를 지으며 가악을 즐기며 노는 것이 가장 보편적인 풍류의 개념이었다. 이때 노는 것의 개념은 현대의 유희적인 것과는 다른 것으로 자연의 경치와 예술적인 행위가 필수 요소였다고 할 수 있다.

한편으로 풍류와 풍월을 구분하여 음악을 풍류라 하고 시 짓는 것을 풍월을 짓는다하였고 이 풍류·풍월은 곧 자연과 조화의 미를 생활하는 것이라고 하였으며 조선시대 최고의 유학자인 퇴계 역시 풍류운사를 소홀히 하지 않았는데 그의 풍류는 덕을 바탕으로 한 자연과 조화의 질서요 온유 돈후한 인간애를 갖추었음을 강조하며 군자가 아니면 풍류를 모를 것이요 풍류를 아는 사람이면 곧 그가 군자라 하여 유가적 입장에서의 풍류를 정의하였다.

지금까지 풍류에 대한 사상적 정의를 한 것에 대비하여 풍류를 공간적 개념으로서 전통조경적 요소와 연계하여 살펴볼 때 풍류는 정자와 밀접한 관계를 가진다. 풍류는 정자 자체, 정자 주위의 경치, 정자를 찾아 가는 것, 정자 안에서 벌이는 모든 활동을 의미하기도 한다.

한국의 정자는 나무기둥과 기와지붕이 있으나, 벽이 없는 건물이다. 조선 시대에 한국의 정자는 곳곳에 지어졌다. 일반적으로 정자는 냇물과 숲이 있는 경치 좋은 곳에 세워졌다. 사람들은 정자에서 주위의 아름다운 경치를 한 눈에 볼 수 있다. 정자에는 벽이 없으므로, 언제나 서늘한 바람을 맞으며 흐르는 냇물을 볼 수 있으므로, '풍류'라는 단어는 정자를 설명하기에 가장 알맞은 단어이다. 혹자에게는 정자풍류라는 말이 생소할지 모르겠지만, 정자를 하나의 풍류공간으로 누려온 선조들의 삶을 생각하면 이 말을 사용하지 못할 이유가 없으며 정자의 이름이 들어간 옛 시조를 들어

거기에 담긴 선인들의 풍류운사를 살펴 원래 선인들의 정자풍류란 "꽃 피면 달 생각하고 달 밝으면 술 생각하고 꽃 피자 달 밝자 술 얻으면 벗 생각하고이정보, 1693~1766"의 마음바탕에서 이루어지는 놀이라고도 하였다.

  우리의 자연은 계절에 따라 분명하게 변하기 때문에 이러한 풍류정원이 발달하도록 여건을 제공하였음을 알 수 있으며 한국에서 살다보면 사계절의 뚜렷한 변화 앞에서 누구라도 자연을 멋스럽게 즐겨보고 싶은 유혹을 느낀다. 이렇게 자연 그 자체를 그 나름대로 독특하게 즐기는 것이 풍류라고 정의하였으며 이러한 관계를 바탕으로 판단할 때 풍류와 정자, 곧 누정은 서로 뗄 수 없는 상호간에 밀접한 관계임을 확인할 수 있으며 앞에서 살펴보았듯이 풍류의 역사적 기원은 신라시대 '풍류도'와 관련하여 논의되지만, 유교를 제도적으로 수용하게 된 고려시대 이후로 이는 지배 계층의 문화 양식이자 유희행위를 지칭하는 용어가 된다. 성리학을 지배규범으로 삼았던 조선시대에 이르러 풍류는 유자의 교양을 대표하는 시·서·화 삼절의 실현을 추구하는 문화적 행위로 보편화되며 또한 풍류는 악을 동반한 주연의 집단적 향유 속에서 '방탕', '관능', '호색'과 같은 쾌락의 발현을 지칭하는 기호로 자리하기도 하며 16세기에 이르면 누정을 중심으로 하는 국문시가 등 누정문화의 산물로서 풍류운사를 향유하는 계산풍류의 유행이 두드러지며, 조선 후기에는 줄풍류와 같은 용례에서 보듯 음악을 가리키기도 한다.

  결과적으로 풍류는 시대에 따라서 지속적인 변용을 겪어 왔으며, 각 시기마다 당대 문화를 구성하는 다양하고 이질적인 인식과 행위의 장들이

경합하는 지점을 보여준다. 이러한 사실은 상고시대에서부터 삼국시대, 통일신라시대, 고려시대, 조선시대를 거쳐 현재에 이르기까지 풍류가 이어져 내려오지만 풍류의 근원적 의미가 시대적 흐름에 따라 상당히 변형된 의미를 갖게 되었음을 나타내는 것이다.

풍류의 기원

지금까지 풍류에 대한 정의를 우리 고유의 사상이라는 관점과 시대적 변화에 따른 변용의 시각으로 확인을 해보았는데 풍류는 삼교를 포함한 이치이자 상고시대부터 한민족이 갖고 있던 현묘한 조화교로서 신라 때 한자를 빌어 만들어진 풍월도, 풍류도라 하며 그 근원을 단군 한배검에 두고 고구려, 백제에서도 이러한 사상이 이어져 왔기에 풍류, 풍류도를 우리 고유사상이라 하였지만 풍류라는 용어 자체는 중국의 옛 고전어로서 일찍이 존재하고 있었다.

중국어사전에서의 풍류에 대한 해석을 보면,
① 풍류스럽다. 풍치가 있고 멋스럽다. 멋들어지다.
② 걸출하다. 출중하다. 빼어나다.
③ 공로가 있고 문예 방면의 재능도 갖춘.
④ 남녀 간의 정사나 연애에 관한.
⑤ 아취가 있는 것. 품격이 우아한 것.
⑥ 속된 일을 버리고 고상한 유희를 하는 것, 쇄락하여 속된 일을 초월한 것이라고 하였으며 중국 풍류정신은 도가사상의 지배하에 풍미했다 할 수 있다.

원래 풍류는 바람이 흘러간다고 하는 '주어-술어' 관계의 말, 혹은 '바람과 같이 흘러간다.'라고 하는 '수식어-피수식어' 관계의 말이었다. 또 바람이 흘러감으로써 초래되는 것이라고 하는 유풍·자취·흔적, 또는 조상이 남긴 은덕이라는 의미를 가리키는 말이었으며 간히지 않은 분방함, 즉 거북해 함이 없이 제 마음대로 행동하는 것, 예법을 무시하고 자유롭게 행동하는 것도 풍류인의 대표로 간주하게 되었고, 세속에 등을 돌려 은자의 삶을 즐기는 것도 풍류라 하였으며, 일찍이 중국에서는 진풍류라고 불릴 정도로 진대280년~420년에 풍류를 미적방향으로 크게 발전시켜갔다. 그리스에서 서양적 미의 형태가 성립했다고 한다면, 진대에는 동양적 미의 모습을 하나의 전형으로 수립했다고도 볼 수 있다. 서양의 인간 중심주의적인 미적·예술적 의욕이 그리스 예술에서 완성을 보았다고 한다면, 동양의 기운 중심주의의 미적·예술적 지향은 육조를 거쳐 당대에 이르는 동안 완성된다. 이 양자의 경우를 동·서양의 미적·예술적 세계에서 고전적인 것의 수립이라고 부를 수 있다. 이 고전적인 것의 핵심이 서양에서는 '미'라고 불리는 개념이며, 동양에서는 '풍류'라고 불리는 개념이다. 그런 의미에서 풍류는 동양미학의 기초개념이다. 물론 풍류는 도덕적, 종교적 견지에서 해석해야 할 점도 있다. 중국에서는 원래의 의미는 그러한 성격이 농후하였다. 그런데 나중에는 점차 그 미적·예술적 의의가 주가 되었다.

이렇듯 풍류는 단어자체로만 보았을 때 중국에서 사용되기 시작하여 한국과 일본에서 공통적으로 사용하는 단어이며 풍류라는 말이 민족별로 차이가 있지만 공통점은 '놀이'를 표방하거나 놀이와 관계된 일종의 문화현상이다. 그러나 풍류라는 말 쓰임새의 차이점을 보면, 중국의 경우는 주로

'시문' 측면이, 일본의 경우는 '춤'과 관계된 것이 많다. 한·중·일 풍류의 차이와 유사성은 표 1과 같다.

〈표 1〉 한 · 중 · 일 풍류의 차이와 유사성

	한국	중국	일본
의미	현묘지도, 밝음(光明思想), 유불도의 사상포함 수련과 수행의 선(仙) 불노장생 추구 않음	자유분방, 인간의 풍모와 관계, 탁월한 정신문화적 가치가 있는 존재' 정치, 종교, 윤리, 미적 가치 존중	세련됨, 화미함, 장식성, 섬세함, 외적 미, 감각 미, 건축, 정원, 회화 등 의장의 묘, 귀족적 화미
시대별 변화	신라−정신적, 신앙적, 사상적 이념 고려−신라 선왕들의 유풍 조선중기−사대부의 풍아함 구한말−세속적 향락(퇴폐)	초기−선왕의 유풍 진대−윤리, 도의적 성격, 품격, 인격의 고상함 한초−풍속의 퇴폐	평안시대−미적 의장으로서의 풍류로 발전
차이점	형이상학적 요소, 종교, 사상적 측면 강조, 음악적 요소, 인간형성의 실천적 이념 성격	시문 부각, 개인적, 주관적 자기몰입의 성격	춤의 측면 부각 미적 의장으로서 감각주의적 성격
공통점	놀이, 놀이와 관련된 일종의 문화현상, 예술적으로 노는 것		

그러나 중국, 일본의 풍류와는 근원적인 측면에서 차이를 보이는 우리의 풍류사상, 즉 풍류도라 함은 하늘을 숭배하고 자연의 이치를 따름으로써 우주만물의 조화를 추구하는, 삼교가 생겨나기 이전부터 있어 온 우리 고유의 사상을 말한다. 이것은 고대로부터 현대까지 우리 의식의 기저에 자리 잡고 이어져 내려와 우리 민족만의 독특한 문화를 형성하게 만드는 뿌리이자 원동력이다. 또한 고래로부터 내려온 선도사상이며 화랑도가 표방했던 이념이라 하여 '고선도' 혹은 '화랑도'로도 불렸으며 화랑도가 따르고

자 했던 이 이념을 신라인들은 '풍월도' 혹은 '풍류도'라 일컬었다.

풍류의 발생과 기원을 환단고기의 단군세기 기록을 통해 살펴보면 "11세 단군 도해 재위57년, 국선소도 설치와 웅상의 유래에서 재위 원년인 경인단기 443, BCE 1891년에 도해단군께서 오가에게 명하여 12명산 가운데 가장 아름다운 곳을 택해 국선소도를 설치하게 하셨다. 그 둘레에 박달나무를 많이 심고, 가장 큰 나무를 택하여 환웅상으로 모시고 제사를 지내셨다. 그 이름을 웅상이라 하셨다."는 기록으로 소도에 대한 기록이 시작되며 또한 단군세기에 기록된 13세 단군 흘달[일명 대음달] 재위 20년 무술단기 571, BCE 1763에 "소도를 많이 설치하고 천지화를 심으셨다. 미혼 소년들에게 독서와 활쏘기를 익히게 하고, 이들을 국자랑이라 부르셨다. 국자랑이 밖에 다닐 때 머리에 천지화를 꽂았기 때문에 당시 사람들이 천지화랑이라 불렀다. 국선 또는 선랑이라 불리던 국자랑은 신라시대 화랑의 모체이다. 이 국자랑의 전통은 고구려의 조의선인, 신라의 화랑, 백제의 무절로 계승되었고 고려의 재가화상 또는 선랑, 국선으로 계승되어 왔으며, 윤관의 9성 정벌 때는 항마군으로 이어져 내려왔다.

낭도들은 수려한 산천을 찾아 단체 생활을 하면서 단결력과 무사정신을 길렀으며, 정서와 도덕을 함양하였다. 또한 무술, 기마술, 궁술 등을 익혀 용맹한 전사로서 국가에 충성하였다. 조의선인이나 화랑은 신교라는 종교 정신으로 무장한 군대였던 것이다. 그리고 소도는 낭도의 모임처였고, 낭도는 소도의 무사였다. 또한 화랑도를 일명 국선도, 풍월도, 풍류도라고도 하였다."는 기록이 있으며 풍류도와 화랑의 어원 변천에 대하여는 표 2에서와 같이 신채호는 '조선상고사'에서 풍류도를 한민족 원시종교인 소도제蘇塗祭

에서 유래한다고 적고 있다.

단군조선이 개창하고 소도[단군]제전을 거행하였고, 이것이 부여의 영고, 고구려의 동맹, 동예의 무천, 삼한의 소도라는 이름의 제전으로 계승되었다가 고구려의 '선배'제도로 발전하였는데 고구려의 강성은 그 창설의 연대는 알 수 없으나, 선배제도의 창설로 비롯된 것으로 즉 선배는 이두자로 선인[先人, 또는 仙人]이라 쓴 것으로써, 이는 선배의 선의 음을 취한 것이고, 인의 뜻을 취한 것이 배이며, 선배는 원래 '신수두'교도의 보통명칭인데, 태조왕때, 신수두 대제에 모든 사람을 모아서 혹은 칼로 춤을 추고, 혹은 활도 쏘며, 혹은 태견도 하며, 혹은 크게 사냥을 하여 그 잡은 짐승의 많고 적음을 보아서, 내기에 승리한 사람을 '선배'라 일컫고 이들은 일신을 사회와 국가에 바쳐 모든 곤란과 괴로움을 사양치 아니한다. 그 가운데 선행과 학문과 기술이 가장 뛰어난 자를 뽑아서 스승으로 섬기는데 스승중 제일 우두머리는 '신크마리'[태대형, 두대형의 뜻]라 부르며 이들은 전쟁이 일어나면 모든 '선배'를 모아 스스로 단체를 조직하여 싸움터에 나아가서, 싸움에 이기지 못하면 싸우다가 죽기를 작정하여, 죽어서 돌아오는 사람은 개선하는 사람과 같이 영광스러운 일로 보고, 패하여 물러나오면 이를 업신여기므로, 선배들이 전장에서 가장 용감하였으며 이것이 신라 화랑제도의 모체가 되었다는 것이다.

이러한 내용들은 화랑제도와 유사한 면이 있어 당시 나라의 근간이 되는 젊은 인재들을 양성하고 이들의 충성심, 애국심을 통하여 나라를 지키고 후대에까지 이들의 무풍을 물려주었다고 한다.

그리고 육당 최남선은 화랑도를 설명하는 자리에서 '화랑'이라는 말이

〈표 2〉 풍류도와 화랑의 의미 변천과정

분 류	풍류도와 화랑 어원의 변천과정
신채호(사상)	소도제→ 영고(부여), 동맹(고구려), 무천(동예), 소도(삼한)의 제전 → 선배(고구려), 화랑(신라) → 풍류도
최남선(어원)	밝은 뉘(광명이세) → 부루 → 풍류(風流) → 풍월도, 풍류교, 화랑도
안호상(어원)	배달길, 발달길(밝음) → 風(바람, 배람), 月(달), 流(달아날 류 → 달) → 풍류

'부루'라는 말에서 나온 것인데 그것은 '밝은 뉘[광명이세]'의 뜻으로 후에 '부루'라는 말로 바뀌었고 그것을 한자음으로 표기할 때 '풍류'로 적게 되었다고 주장한다. 그는 이 '풍류'에 연원하여 '풍월도', '풍류교', '화랑도' 같은 말들이 발생했다고 말한 바 있다.

안호상은 풍월도 또는 풍류도란 말은 '배달길', '발달길'로 풀이되는데 한자 '風'을 '바람', '배람'으로 읽은 것이고 한자 '月'을 '달'로 '流'를 '달아날 류'에서 뜻으로 읽어 '달'로 읽은 것이다. '배달', '발달'은 모두 '밝음'을 의미한다고 보았다. 즉, 풍류도 혹은 풍류사상이란 고래부터 있어온 우리 민족 고유의 사상으로 하늘 숭배를 근본으로 하는 고선도와 같은 개념으로 이해할 수 있다. 부도지에서는 한국 선도의 뿌리를 존재의 궁극 원리인 율려로까지 소급을 하고, 그 연원이 황궁씨 → 유인씨 → 환인의 환국 → 환웅의 신시 → 단군조선 → 박혁거세로 이어졌다고 설명하고 있다. 황궁씨와 유인씨를 거쳐 환국으로 이어진 한국 선도의 맥이 본격적으로 펼쳐진 시기는 환웅 시대부터라고 볼 수 있다.

환단고기의 내용에 의하면, 한국 선도는 환웅 시대에 원시적이지만 어느 정도의 사상적 체계를 갖추었고 단군조선까지 이어진 것으로 보인다.

즉, 선도는 우리 민족의 하느님에 해당되는 환인, 환웅을 거쳐 단군으로 내려오는 민족이념을 말하며, 단군을 선인이라 하였다. 후에 도가사상이나 도교와 섞이게 되면서 선도의 원형을 고선도라 부르게 된다. 우리 고유의 고선도 사상이 도가나 도교의 노장사상과 섞이게 되면서 개념의 구분에 혼란이 오게 된 것은 '샤먼적 요소'와 '자연 친화'라는 공통점을 갖고 있기 때문으로 생각된다. 샤먼이란 자연을 신의 개념으로 받아들이고 자연의 영과 교감하고자 하는 것이라 볼 수 있다. 그렇기 때문에 자연과의 조화 내지 자연과의 합일을 추구하는 일원론적 관점의 풍류도에서 샤먼은 배제할 수 없는 요소인 것이다.

한편으로 풍류도를 한국의 종교적 영성이라는 관점에서 보았을 때 풍류도[또는 풍월도]는 일본의 무사도와의 비교하여 남성적인 무사도와는 대조적인 심미적이며 여성적인 영성이며 그렇기 때문에 처음부터 남모와 준정이라는 여성 원화를 화주로 세우도록 했을 수 있으며, 남성의 화랑의 경우에도 분을 바르고 단장하게 함으로써 민족의 영성의 심미적 성격을 드러내 보이고 있다고 설명한다.

기록에는 진흥왕 37년576년에 화랑제도가 처음으로 설치된 것으로 되어 있지만, 이사부로 하여금 가락국을 점령하게 했을 때 이미 화랑 사다함이 동행을 하고 있었기에562년 이보다 훨씬 앞서 이루어진 것으로 판단하고 있으며 풍류의 주인공인 화랑의 수련과정을 세 가지로 구성 설명할 수 있는데 첫째는 도의로써 서로 인격을 닦는 상마이도의, 둘째는 서로 가락을 즐기는 상열이가락, 즉 가무와 시가로서 예술적 즐김과 종교적 의미의 수련을 하였고, 셋째 유오산수, 즉 아름다운 산수를 찾아 자연의 정기를 호흡

함과 동시에 그곳에 강림한 하늘의 영과 교제를 하였으며 이러한 풍류를 원효의 불교사상, 즉 한[큰]마음의 원천[일심지원], 율곡의 유교사상, 자기를 극복하고 예로 돌아가는 극기복례, 수운의 동학사상의 핵심인 시천주 조화정을 신인합일이며 이는 풍류도의 핵심이며 풍류도, 즉, 풍류사상은 화랑도의 바탕 정신이면서 화랑도를 일으킨 정신이었고, 지금껏 이어지는 민족정신의 바탕이기도 하다. 그러면서 유, 불, 선의 삼교를 모두 갖추어 가진 정신개념이라 할 수 있다.

또한 풍류도를 신선도와 같은 맥락에서 보는 측면으로 풍류도의 그 기원을 신선도에 있으며 고조선, 지금의 요동지방에서 발상한 것으로 추측되는 신선사상은 중국으로 흘러 들어가 도교로, 우리나라에서는 풍류도로 발전하였다. 다만 중국에서는 현실도피적인 경향으로 흐른 반면 우리의 경우 낙천적 현실 지향적 성격이 두드러졌으며 중국의 선도가 장생불사를 추구하는 반면, 삼국사기, 삼국유사, 그리고 화랑의 낭정을 직접 기록한 화랑세기의 어디에도 '선의 무리'들이 장생불사를 추구하는 신선이 되기 위해 노력했다는 기록이 없는바 이는 중국적 도가사상과는 분명이 구별이 되는 독립된 사상임을 확인할 수 있으며 오히려 중국의 도교는 '우리 고유의 사상인 선도가 중국으로 전해졌다가, 중국의 도교가 되어 다시 들어온 것'으로 밝히고 있다.

중국의 「당서」와 김부식의 「삼국사기」의 기록에는 고구려 영유왕 7년서기 624년, 당고조 7년에 도교가 한국에 들어온 것으로 기록되어 있으며 「삼국사기」권 21 고구려 본기에, 서기 643년 고구려 말 보장왕 2년에 당시의 재상이었던 연개소문?~666이 왕에게 도교를 수입할 것을 주청하는 기록이 나온다.

보장왕 2년 봄, 연개소문이 왕께 아뢰기를, "3교는 마치 솥의 세 발과 같아서 하나라도 빠지면 아니 됩니다. 지금 유교와 불교가 모두 성하고 도교가 그렇지 못하니, 천하의 도술을 다 갖추었다고 볼 수 없습니다. 청하옵건대 당나라에 사신을 보내어 도교를 받아들이시고, 나라의 사람들에게 가르치시옵소서." 왕이 이를 받아들여 당나라에 청하니, 당태종이 도사 숙달 등 8명을 파견하며 도덕경을 보내왔다. 왕이 기뻐하여 승려들의 절을 취하여 그들의 숙소로 삼았다[5].

도교의 수입을 주청하였던 연개소문은 '조의선인' 출신으로 고구려의 조의선인은 신라의 화랑도와 마찬가지로, 고조선의 '선도'를 계승한 것으로 단군시대의 선도가 고구려의 조의선인, 신라의 화랑으로 발전한 것으로 연개소문뿐만 아니라, 그 아들 남생 또한 조의선인 출신이었다. 이렇듯 연개소문은 부자간에 대대로 조의선인 출신이었고, 이미 소년시절부터 당나라에 들어가 문물풍토를 관찰하였으며 이세민을 연구하여 장성한 후 안시성전투에서 치러진 당태종 이세민과의 싸움에서 승리하게 되었고 이러한 조의선인의 수령이었던 연개소문이 임금께 도교 수입을 주청한 것으로 판단할 때 선도와 도교는 분명 다르다는 것이 논증된다.

---

2) 二年, 春三月, 蘇文告王曰: "三敎譬如鼎足, 闕一不可. 今儒釋並興, 而道敎未盛, 非所謂備天下之道術者也. 伏請遣使於唐, 求道敎以訓國人."大王深然之, 奉表陳請. 太宗遣道士叔達等八人, 兼賜老子道德經. 王喜, 取僧寺館之(「三國史記」卷 21 高句麗本紀).

정두경1597~1673 또한 홍만종의 해동이적의 서에서 우리나라에 고유한 신선사상의 흐름이 있음을 주장하였다.

우리 해동의 산수는 신령하고 기이하여 천하에 소문이 났다. 단군檀君과 기자箕子 이래로 어찌 형신을 단련하고 기운을 마시며 바람을 들이켜고 이슬을 마시는 도사가 없었겠는가. 그러나 숭상하지 않았으므로 전해지지 않았기에 물외物外에서 노니는 도사들이 몹시 한스럽게 여겼다「동명집東溟集」 권 11 해동이적 서序.

종교적인 의미에서 도교는 신선사상이 기반이자 중심적인 요소로 되어 있고, 그 신선사상은 '장생불사'를 추구한다. 따라서 도교를 '선교'라 하기도 한다. 여기서 중국인의 현세주의적인 종교관을 엿볼 수 있으며 중국에서의 신신사상은 주로 제왕이나 제후의 현세적인 권력과 쾌락의 영속을 바라는 계층에서 적극적으로 신선을 갈구하여 불노장생을 염원하는 방향으로 그 사상이 전개되었다. 그리하여 조식·복이·도인·방중 따위의 신체단련 내지 생리조절의 방법을 개발하고 불사약을 구하거나 금단을 만들기 위하여 애썼고, 방사가 등장하여 술수를 부렸다.

이에 비해 우리나라에는 고유의 선도가 있어 민족형성 내지 국가창건의 단계에서 신선사상이 발전했다. 즉, 우리나라 고유사상인 선仙 또는 遷사상은 중국의 신선사상과 유사한 면이 많지만 반드시 장생불사를 목표로, 신선이 되기를 추구하는 것이 아닌 오히려 세속의 번잡함으로부터 초연하여, 호방불기하게 산수간에서 인생을 즐기는 경향이 농후하였던 것 같다. 즉 복잡다단한 세속의 집착에서 벗어나 자연의 이치에 순응하면서 허정무욕

虛靜無欲하게 살아나가는 것이라 하겠다. 이처럼 중국의 신선사상이 전래하기 이전의 우리나라 고유의 선사상은 소박성이 있었던 것이다.

부언하여 설명하면 도교란 하나의 복합문화로서 고대의 민간신앙을 기반으로 하여 신선사상을 중심에 두고, 도가·역리·음양·오행·참위·의술·점성 등의 사상과 샤머니즘을 보태고, 거기에 불교의 종교체제와 유교의 윤리질서를 흉내내어 통합한 불로장수와 현세복리를 기원하는 종교로 우리 고유의 풍류, 즉 신선도와 도교의 신선관에는 큰 차이가 있는 것으로 이해할 수 있다.

우리의 상고사 기록에서 볼 때 신선사상은 오히려 중국에 영향을 주어 도교로 발전하였다는 설과 연관이 있는 것으로 볼 수 있는데 이와 관련된 기록으로 환단고기의 삼한관경본기에서 "노자는 순수한 동이족 혈통으로 계미BCE 518년에 노나라 사람 공자가 주나라에 가서 노자 이이李耳에게 예를 물었다. 이의 아버지는 성이 한이고 이름이 건인데, 선조는 풍이족 사람이다."라는 내용과 노자의 '도덕경'전편에 흐른 사상도 배달의 신교문화를 전수 받은 동이족 출신 황제헌원의 신선 도가사상을 계승한 것이며, 도덕경이 81편으로 이루어졌다는 사실 역시 천부경 81자의 정신을 이은 것을 통해서 확인할 수 있다.

이와 관련된 기록으로 후한서에는 "왕제편에 이르기를 '동방을 이夷라 한다.'라는 것은 뿌리인데, 어질고 생명을 좋아하여 마치 만물이 대지에서 뿌리를 박고 태어남을 말하는 것이다. 본래부터 천성이 유순하여 도리로 다스리기 쉬워 '군자의 나라', '불사의 나라'라 불리게 되었다. 「산해경」에 이르기를 군자국에서는 의관을 갖추고 칼을 차고 있으며, 짐승을 키우고,

두 마리의 무늬 있는 호랑이를 곁에 두고 부린다. 「외국도」에 이르기를 '낭야에서 삼만리 떨어진 곳에 있다' 하였다. 「산해경」에서 말하길 '불사인不死人이 교경交脛 동쪽에 있는데 사람들의 몸이 검고 오래 살며 죽지 않는다'고 한다. 모두 동방에 있다. 이夷에는 9가지 종류가 있는데 「죽서기년竹書紀年」에 이르기를 고대 왕조인 하나라 때 임금 분발후 즉위 3년에 구이가 내어했다. 견이, 우이, 방이, 황이, 백이, 적이, 현이, 풍이, 양이가 그것이다. 「죽서기년」에 이르기를 설후 21년에 견이, 백이, 적이, 현이, 풍이, 양이에 명을 내렸다. 상후 즉위 2년에 황이를 정벌했다. 7년에 우이가 내빈했다. 소강이 즉위하자 방이가 내빈했다. 때문에 공자는 구이에 머무르고자 하였다."는 내용에서 동방에 '불사의 나라' 즉, 신선의 나라가 있고 우리의 신선사상이 중국에 영향을 주었음을 확인할 수 있다.

중국에서 도가철학은 노자와 장자의 무위자연과 만물제동의 사상을 중심으로 한 철학적 사유체계를 말하며, 여기에 위진시대의 현학을 도가철학의 주요한 사상으로 같이 다루게 되는 것인데 반하여 도교사상이란 대개 민간의 이익을 대변하는 기층관념을 토대로 성립한 속신적인 중국민간사상의 한 갈래에서 파생된 것으로 이로부터 성립된 교단 위주의 종교사상을 대개 중국 도교라고 하며 이렇듯 도가와 도교는 서로 다른 것으로 알려져 있고 중국의 신선사상이 개인적인 측면에서 무병장수와 죽지 않는 것에 그 이론의 중심이 주어져 있다면, 한국의 국선낭가는 오히려 보건양생과 공동체적 입장에서의 상호 화해에 그 사유의 중심이 주어져 있는 것이다. 따라서 수련과 수행을 두루 아우르고, 동시에 보다 합리적인 현실의 삶과 관계하고 있는 것은 사실상 한국 선가의 선사상이라고 할 것이다. 이는 표 3, 4

에 정리한 바와 같이 신선사상과 도교의 차이라 할 수 있으며 결과 및 고찰의 후반부에서 언급할 조선시대 풍속화에 나타난 풍류를 통해 살펴보면 도교적 장생불사의 개념으로 의미가 변화되었음을 확인할 수 있다.

또한 중국에서는 은일사상과 결부됨으로써 개인적 주관적인 자기몰입의 성격이 강하며, 한국에서는 인간형성을 위한 실천적 이념으로서의 성격이, 그리고 일본에서는 미적 의장으로서의 감각주의적 성격이 각기 두드러지게 나타나고 있는 것이다. 우리의 경우는 중국이나 일본과 달리 원래의 풍류 개념에 '형이상학적 요소', 즉 '종교성'이나 '사상'의 측면이 강조되고 있다는 점에서 그 고유성과 독자성을 찾을 수 있다. 또한 동양 삼국에서 '풍류'라는 말의 쓰임과 전개에서 주목할 점은 거기에 내포된 예술적 요소 가운데 중국의 경우는 주로 '시문', 우리나라의 경우는 '음악', 일본의 경우는 '춤'의 측면이 부각되고 있다는 사실이다.

〈표 3〉 중국과 한국의 신선사상

	명칭	이론적 중심
한국	신선사상 (국선낭가)	공동체적 입장, 합리적 현실의 삶과 관계 보건양생을 수련과 수행의 중심 즉, 천기의 원기를 자기 생리화하고 도덕적 역량을 증진키 위한 수련
중국	신선사상	개인적 측면, 무병장수, 불노장생 추구

〈표 4〉 도가와 도교의 사상적 차이

사상	내용적 구분
도가	노자와 장자의 무위자연과 만물제동 사상의 철학적 체계 위진시대의 현학
도교	속신적인 중국 민간사상의 한 갈래, 교단 위주의 종교사상

이렇게 동양의 풍류는 많은 개념들을 포괄적으로 내포하고 있으며 '예술적으로 노는 것'이라는 공통점을 가지고 있다. 풍류는 '풍치가 있고 멋스럽게 노는 일', 또 '속된 일을 떠나서 풍치가 있고 멋들어지게 노는 일'이라는 개념으로 볼 때, 풍류의 의미내용은 멋의 개념과 불가분의 관계에 있다.

또한 풍류는 선이고, 풍류도는 곧 선도라고 할 수 있는데 유·불·도와 구별되는 우리 고유의 사상을 선도라 할 수 있겠으며, 선이란 글자가 '오래도록 살다가 승천함長生僊去', '늙어도 죽지 않음老而不死'를 뜻하는데, 이것이 한자이기 때문에 仙이라고 하면 중국의 신선도나 도교를 연상하기 쉽다. 그러나 선이란 글자의 용례를 보면 신라의 선은 중국의 그것과 다른 점이 있다. 이러한 사실을 짐작하게 하는 것이 신라의 화랑이며 한·중·일 삼국 중 우리의 풍류만이 가지고 있는 특징이자 고유의 의미인 것이다.

한편으로 범부 김정설이 밝히는 풍류도에 대한 기원은 "고대무속은 샤머니즘계의 신앙으로, 샤머니즘이 신라에서 체계적인 이념으로 발전했는데, 그것이 화랑정신이고, 그 정신을 체현한 것이 풍류도라고 규정했다. 신라의 풍류도의 중심사상이 바로 이것이고, 또 이 풍류도의 연원인 단군의 신도설교도 다름 아닌 이것, 즉 샤머니즘"이라고 했다. 곧 단군의 신도를 풍류도의 연원이라고 보았으며, '신 내림[降靈]'이 우리의 고유문화에 속하는 것이고, 신 내림은 우리 민족이 유교, 불교, 도교 등 중국 문화의 영향을 받기 이전부터 존재한 전통의 핵심이며, 단군의 정치 종교 이념인 신도에서 유래한 것이라고 한다. 단군의 신도는 고구려, 백제, 신라 등 모든 우리의 고대 국가에서 신앙의 표준으로 존재했지만, 신라에 와서 이 정신은 더욱 발전되고 세련되고 조직화되어 풍류도를 형성하고, 신라의 찬란한 문화를 만들고, 마침내 삼국 통일의 위업을 이루어내는 원동력이 되었다는 것이다. 그러던 중, 풍류도는 외래문화인 불교 및 유교와 융섭하면서 변형되고 쇠퇴하였고 마침내 풍류도는 주류문화에서 소외되어 하층 사회에 잔존하게 된다는 것이 풍류도의 기원이자 역사적 전개양상이라 할 수 있다.

고대 문양에 나타난
풍류의 상징성

　풍류에 대한 기원에서 밝혔듯이 '밝은 뉘'[光明理世]의 뜻으로 '부루'에서 한자음으로 '풍류'라고 적게 되었고 한편으로 '풍류도', '풍월도'란 말은 '배달 길', '발달길'로 즉, '풍風'은 '발함풍', 바람을 '배람'이라고도 하며 '월月'은 달월 이고 이것을 합하면 '발달길', '배달길'이 된다. '배달', '발달'에서 '발'과 '박'은 모두 밝음을 의미하는 '밝'으로 한자로는 백白, 명明, 적赤으로 쓰며 '양달', '음달'을 한자로 '양지陽地', '음지陰地'로 쓰니 '달'은 '땅'이라는 뜻이다. 그러므 로 이를 종합하면 풍류도, 풍월도는 '밝은 땅의 길'이라는 말이 되며 이것 은 바로 우리 민족사상의 밑바탕에 흐르고 있는 광명사상을 나타낸다.

　결국 풍류사상은 고래부터 있어온 우리 민족 고유의 사상으로 하늘 숭배를 근본으로 하는 고선도와 같은 개념으로 이해할 수 있으며 이에 대한 연원으로 환인의 환국, 단군으로 이어지는 한국 선도의 맥이라 할 수 있는데 이러한 신선과 광명, 즉 빛에 대한 상징성이나 묘사는 문자를 통한 기록으로 전달하거나 표현이 쉽지 않았던 고대의 고분벽화, 천장화 에 묘사된 연꽃문양, 삼족오, 두꺼비, 신선 등을 통해서 그 상징적인 의미를 확인할 수 있다.

예로부터 우리에게는 달 속에 하얀 토끼나 두꺼비가 있고, 해 속에 세발 까마귀[三足烏], 해까마귀[陽烏], 금까마귀[金烏]가 있다는 전설이 전해 내려오고 있으며 태양의 원안에 그려진 다리 셋 달린 새는 삼국시대의 거의 모든 고분에 태양의 상징으로 나타난다. 원래 다리 셋 달린 새는 붉은 까마귀로서 중국신화에서는 태양의 염제炎帝 보조자 역할을 수행했던 새이기도 하다.

중국의 복희씨와 여왜씨를 그린 옛날 그림 중에는 남자가 두 손으로 태양을 받들고 있고, 태양 속에는 금까마귀가 한 마리 있다. 한편 여자는 두 손으로 달을 괴고 있고, 달 속에는 방아를 찧은 토끼와 옆에는 두꺼비가 엎드려 있다. 또한 만주와 평안도, 황해도의 고구려 고분, 부여의 백제 고분, 일본의 아스까 고분, 북위의 고분 등에는 사방 벽에 청룡, 백호, 주작, 현무를 그리고, 동방의 청룡 위에는 세발까마귀가 그려 있는 해님, 서방의 백호 위에는 두꺼비 또는 토끼가 있는 달님이 그려 있으며, 중국 호남성의 장사에서 출토된 그림에도 왼편에 세발까마귀, 오른편에 조각달[弦月]이 그려 있다.

그리고 「산해경」에 보면, 10개의 태양이 나타났으므로 불볕더위로 백성들이 죽어가자 동이민족의 주신인 예가 천제의 명을 받아서 9개의 태양을 화살로 쏘아 떨어뜨리니 그것은 9마리의 금까마귀였다는 신화도 있다.

한국의 고분벽화는 고구려 102기, 신라 2기, 백제 3기, 가야 1기 등 108기가 발굴되고 있는데, 그림 1, 2는 7세기경 고구려 집안 오회분 4호 묘에 그려진 해속의 삼족오와 달속의 두꺼비와 선인의 모습이며, 그림 1과 2에서 볼 수 있듯이 남성 모습의 해 속에는 삼족오가 들어 있고 여성 모습의 달 속에는 두꺼비가 들어 있으며, 용과 봉황, 학을 타고 승천하는 신선들의 모습을 함께 볼 수 있다.

까마귀는 대오신화나 삼국유사 기이 제 1에 연오랑세오녀에 일월의 정으로서 제 8대 아달라왕 즉위 4년 정유년157년에 신라 동해가에 살던 부부였는데 일본으로 건너가 왕과 비가 되었고 이때 신라에서는 해와 달이 빛을 잃었고 신라왕이 사신을 보내 세오녀가 짜놓은 비단을 가지고 와서 하늘에 제사를 지냈더니 해와 달이 예전처럼 빛을 되찾았다는 설화가 보여주는 것처럼 천지창조와 관련이 있고, 까마귀,

〈그림 1〉 해속의 삼족오와 선인, 집안 오회분 4호묘
자료: 방상훈, 1993(심우경, 2007 재인용)

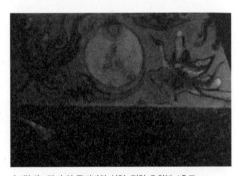

〈그림 2〉 달 속의 두꺼비와 선인, 집안 오회분 4호묘
자료: 방상훈, 1993(심우경, 2007 재인용)

쥐, 돼지 등이 예조를 보여 왕의 생명을 구하였으므로 찰밥을 만들어 까마귀에게 고시레하는 풍속이 생겼다는 삼국유사 권 1의 사금갑 설화에 나타

나는 까마귀의 신이성, 중국의 삼족오설화, 그리고 까마귀가 신을 뜻하는 고어 'ᄀᆞᆷ'과 통하는 점 등으로 미루어 볼 때 태양을 상징하는 대표적인 양조 陽鳥이다.

원초부터 인류는 하늘을 숭배하였다. 그런데 하늘을 상징하는 것은 태양이다. 태양은 빛을 비추는 우주적 광명이며 어둠과 사기를 쫓는 우주적 신성이므로 태양에 대한 숭배는 범세계적이었다. 이집트에서는 오시리스, 페르시아는 미트라, 그리스는 아폴로, 일본은 천조대신, 우리는 환인을 숭배하여 왔다. 그리고 삼국사기 잡지에 의하면 고구려와 신라는 일월을 신으로 삼아 신앙하였으며, 마찬가지로 알타이족들도 날ᄇ[몽고어-나란, 일본어-나라]을 숭배하는 풍속이 많이 있었다.

환인이나 환웅에 있어서 '환'이란 음은 우리말의 '환하다'와 통하는 것으로 '밝음' 곧 '광명'을 뜻하는 것으로 생각된다. 하늘은 [ᄒᆞᆫ ᄇᆞᆰ-한ᄇᆞᆰ-한 올-하늘]에

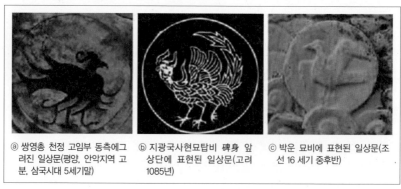

ⓐ 쌍영총 천정 고임부 동측에그려진 일상문(평양, 안악지역 고분, 삼국시대 5세기말)   ⓑ 지광국사현묘탑비 碑身 앞 상단에 표현된 일상문(고려 1085년)   ⓒ 박운 묘비에 표현된 일상문(조선 16 세기 중후반)

〈그림 3〉 삼국시대, 고려, 조선시대의 '해 속의 삼족오' 일상문 (자료: 김주미, 2011)

서 전화되어 이루어진 말로 대명의 뜻이고 하늘과 밝음 곧 태양은 한알고어 로 알근본이 같은 것이니 환인은 하느님이다. 일반적으로 천이 그 지고함과 동시에 광명이라는 특성을 통하여 신적 존재로 숭배되고 있는 것은 종교사 의 보편적 현상으로 나타나 있다. 따라서 천신인 환인과 환웅도 태양으로 표상되는 존재들이다.

또한 삼족오의 다리 셋의 상징성에 대해서는 천지인 합일 사상을 나타 내며 단군신화에 등장하는 천제인 환인과 천자인 환웅, 환웅과 지모신인 웅녀와의 사이에서 탄생한 단군 등 천신의 직계인 삼신은 천지인 합일과 회삼귀일을 의미하며, 그림 3과 같이 고구려 고분 벽화의 '해 속의 삼족오' 로 형상화되어 고려, 조선시대까지 전승된 것으로 이해된다.

이처럼 단군신화에 나타난 회삼귀일의 삼재사상은 유불도의 삼교 교리 를 이미 함축하여온 신라 화랑도 즉, 풍류도의 바탕이 되었을 뿐만 아니라 양면성을 인정하고 양면적인 것이 불이不二가 아니라는 것을 체득함으로써

〈그림 4〉 옥토끼와 두꺼비 (자료: 국립중앙박물관, 2006)   〈그림 5〉 서왕모. 곤륜산. 달과 두꺼비. 丁家閘 5호 墓[北凉]
(자료: 楚啓恩, 2000 [심우경, 2007 재인용])

쟁爭도 화和로 동화시켜나간다는 통일신라 초에 활동했던 원효의 화쟁사상과 '해 속의 삼족오'에 함축된 상징성은 친연성을 지니며 또한 상통한다.

고구려의 고유 신앙과 종교 사상적인 영향은 당시의 예술관을 이루는 기초로 작용하며, 이는 5세기 전후의 고분벽화에서 보이는 무용총, 각저총과 사신총에서 그림 8의 ⓐ, ⓑ에서와 같이 묘사된 삼족오를 그린 일상日像(ⓐ), 두꺼비, 토끼, 불로초 등으로 상징되는 월상月像(ⓑ)이 그려지는 등 도교적인 요소가 표현되어 있으며, 그림 4는 평안남도 노산리 개마총6C 초의 널방천장 서측 제2층 평행고임 측면의 그림에 묘사된 옥토끼와 두꺼비 그림으로 달 속에 옆모습을 보이며 엎드린 두꺼비와 약 찧는 옥토끼가 들어 있다. 긴 막대기 형태의 공이를 쥐고 항아리 모양의 약절구 속에 들어 있는 불사약을 찧은 옥토끼의 모습은 사람을 연상시킬 정도로 의인화되었는데 신선사상의 중국 전설인 서왕모와 항아의 이야기속에 나오는 두꺼비와 달에 관한 이야기는 삼족오의 태양 상징성, 그리고 두꺼비로 표현되는 달의 상징성과 연관이 있는듯하며 북량北凉시대 고분벽화에도 불사약을 지닌 장생불사의 주관자 서왕모와 불사약을 훔쳐 먹고 달로 도망쳤다는 항아姮娥의 화신인 두꺼비, 곤륜산 등이 선계를 표현하고 있어 매장자의 내세승선 염원이 이어지고 있음을 알 수 있다그림 5.

고대 한국에서는 그림 6의 빗살무늬토기와 그림 7의 팔주령 등에서 로제트무늬의 원형을 발견할 수 있는데, 그림 6과 7의 b는 각각 빗살무늬토기와 팔주령의 형상을 이미지화한 것으로 이를 살펴보면 그것이 점차 연화문으로 변형된 것을 확인할 수 있다. 그림 8은 5세기말 쌍영총의 널방천정

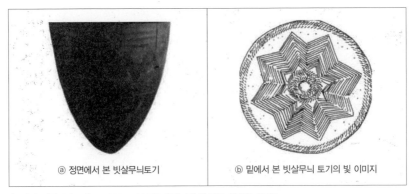

⟨그림 6⟩ 빗살무늬토기(BC4000~BC3000, 신석기시대) 자료: 김성환, 2009

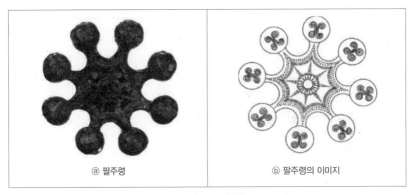

⟨그림 7⟩ 팔주령(八珠鈴, 청동기시대, 국보 제143-2호) 자료: 김성환, 2009

연화문으로 묘실의 정상이자 중심인 천정중앙에 위치한 연화문은 구조적으로 천상 혹은 세계의 중심이자 태양을 상징하며 우주 중심으로서 빛을 상징하는 것이다. 중앙의 연화문 아래 삼족오의 태양 ⓐ와 두꺼비의 달 ⓑ가 돌고 있어, 연화문이 단순한 태양 상징이 아닌 우주 중심의 빛을 모티브로 한다는 사실을 다시 한 번 명확하게 보여준다.

계속해서 그림 9의 6세기 전반의 덕화리 1호분 천장화는 팔각형의 연속

〈그림 8〉 쌍영총 널방 천정석 (자료: 국립중앙박물   〈그림 9〉 덕화리 1호분의 천정화 (자료: 김성환, 2009)
　　　　관, 2006)

된 구조 안에 고구려인이 본 하늘세계의 모습을 담고 있다. 천정 중심의 연화문과 영기문은 우주 중심의 빛과 기운을 상징하며, 그것이 다시 아래 단계의 천정과 벽면에서 여덟 갈래의 삼각 모양으로 확산되며 그림 8의 쌍영총의 연화문처럼 해와 달은 그 아래 단계에 그려져 있다. 그 이미지를 단순화하면 그림 10의 a에 가깝다.

　이것은 기원전 4천년 경부터 이어져 내려오는 빛의 상징적 이미지인 것이다. 즉, 고구려 고분벽화 속의 연꽃은 팔각 빛으로 이뤄진 '빛의 상징'이자 '우주의 중심'임을 의미하는 것으로 대우주 중심에서 빛나는 광명의 하느님이었고, 지상을 따사로이 덥혀 만물의 생명을 낳는 햇살이었다. 위대한 인간이 천상의 빛을 통해 지상으로 하강·탄생하는 것은 한국 고대신화에서 아주 익숙한 서사의 플롯이다. '대우주의 빛, 환한 님, 환인桓因, 천제는 태양, 해, 환웅桓雄, 해모수解慕漱로 빛의 자손, 붉·불, 단군檀君, 부루夫婁, 주몽朱蒙, 동명東明'으로 이어지는 천손의 계보는, 천상과 지상 그리고 우주와

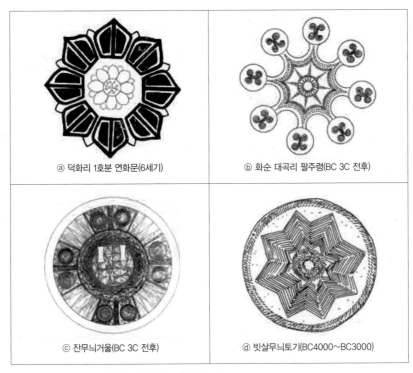

@ 덕화리 1호분 연화문(6세기)

ⓑ 화순 대곡리 팔주령(BC 3C 전후)

ⓒ 잔무늬거울(BC 3C 전후)

ⓓ 빗살무늬토기(BC4000~BC3000)

〈그림 10〉 팔각빛의 이미지(시대별 역순) 자료: 김성환, 2009

인간을 하나로 이어주는 신화의 기본 플롯을 이루며 고대 한국의 여러 신화에서 반복적으로 재현된다. 이러한 대 우주의 빛, 환인, 단군, 동명, 붉, 불은 배달, 발달을 의미하며 이는 곧 풍류도, 풍월주로 전화되어 풍류로 계승됨을 확인할 수 있다.

이러한 고분벽화에 나타난 신선과 빛에 대한 상징성과 신선에 대한 표현은 그림 3의 삼족오 문양과 같이 일부는 삼국시대에서 고려시대를 거쳐 조선시대까지 이어져왔으며 이후 16세기 후반부터 19세기까지 당시의 사대부의 풍류와 시대상을 담은 고사관수도高士觀水圖, 관송도觀松圖, 관월도觀月圖, 탁족도濯足圖, 관안도觀雁圖 등의 풍속화와 신선을 직접적으로 묘사한 신선도 등을 통해서 신선사상과 풍류의 변화된 일면을 확인할 수 있으며 그림에 묘사된 풍류 도구중 대표적인 다구茶具의 경우 이용의 의미에 대한 의견에는 다소간의 차이가 있을 수 있겠지만 신라 화랑들의 수련처에서 기록과 유물, 유적의 형태로 남아있던 신선이 되기 위한 단약을 다리던 도구로서 다구의 맥을 이어온 것으로 추정하여 볼 수 있다.

풍류의
시대적 의미의 변천

풍류가 우리 민족의 문화사적 맥락에서 어떠한 형태로 발생하고 수용되어 정착되었으며, 어떠한 시대적 변용과 변모의 과정을 겪어 왔는가를 살펴보면 당시의 사회적 영향과 역할을 이해할 수 있을 것이며 이러한 변화과정의 확인을 통해서 풍류가 우리에게 주는 근원적 의미와 사회적 역할을 찾아내어 현대사회에서 풍류의 시대적 의미를 확인할 수 있을 것이다. 따라서 이를 통시적 관점에서의 분류를 하여 원시적, 시원적 풍류의 발생시기인 고대한국의 역사라 할 수 있는 상고시대부터 삼국시대 및 통일신라, 고려시대, 조선시대에서 현대에 이르는 과정에서의 풍류의 역사적, 사회적 변화를 확인하여 보고자 한다.

삼국이전의 시대

상고시대라 할 수 있는 삼국이전의 시대로 유불도의 전래와 화랑도가 성립되기 이전인 삼국이전의 고대 한국을 그 시작으로 당시에는 원시적 형태의 산악신앙과 신선사상에 바탕을 둔 주술적 제천의식이 존재하였다.

즉, 부여, 고구려, 옥저, 삼한, 예 등의 부족국가에서 공통적으로 하늘의 주제자인 천신에게 제의를 드렸던 것이다.

삼국지 위서 동이전에 "항상 5월 파종을 마치면 귀신을 제사하는데, 무리지어 모여서 주야로 쉬지 않고 노래하고 춤추고 술을 마신다. 그 춤은 수십명이 함께 일어서서 서로 따르며, 높게 낮게 땅을 굴리는데 수족이 상응한다. 그 가락과 춤사위가 탁무와 닮은 데가 있다. 10월에 농사를 마치면 또한 이처럼 거듭한다. 귀신을 믿어 국읍에서 각기 한 사람을 세워 천신을 주제케 하니 그 이름을 천군이라 한다. 또 여러 나라는 각기 별읍을 가지니 이름하여 소도蘇塗라 한다. 소도는 대목을 세우고 방울과 북을 달아 귀신을 섬긴다. 여러 도망자가 그 속에 도망하면 모두 돌려보내지 않아 도적들이 좋아한다. 소도를 세우는 뜻은 부도와 닮은 데가 있어 소행의 선악이 다르다三國志」魏書 東夷傳."라고 한 부분으로 천신제와 이를 주제하는 천군, 그리고 소도에 대한 언급인데, 이 제의는 파종과 수확의 중요성을 확인하고 힘든 노동에 대한 보상을 의미하는 부족단위의 종합적인 축제의 의미이기도 하며 이러한 축제 형태의 제의를 구성하는 음악神樂, 문학巫歌, 무용祭儀舞의 집단적 신명의 놀이는 원시형태의 풍류, 즉 풍류의 시원이라 할 수 있다.

삼국시대와 통일신라시대

한자와 불교, 그리고 유교 등 체계적 완성도가 높은 외래문화가 중국을 통하여 유입되면서 우리 민족의 문화적 정체성을 형성해 가던 삼국시대 중기부터 통일신라시대로 이어지는 시기이다. 풍류사상이 정착된 것도 이 시기로 신라가 정치적, 교육적 목적으로 문무를 겸비한 국가적 인재를 양성,

공급하기 위해 만든 수련단체인 화랑과의 연관을 가지고 정착한다. 화랑의 교육이념으로서 풍류도는 '상마이도의', '상열이가락', '유오산수 무원부지'의 화랑특유의 수련방법을 통하여 천지의 원기를 자기 생리화하면서 삼교적 원리의 수양, 즉, 유교적 윤리와 불교 및 도가적 수련을 하였는데 당시의 풍류도는 국가를 위하고, 신의를 위하여 오계의 기본이념 아래, 죽음을 두려워하지 않는 기백과 정열과 용기를 마음껏 발휘한 것이 본연의 풍류도였다.

그러나 통일이후의 풍류도는 안정된 사회분위기와 평화의 감정에 도취되어 명산대천에 유오遊娛하여 음풍영월, 유흥기풍, 향락일로의 방향으로 흘러 버리게 되어 풍류도를 신념으로 삼아 국가통일을 위해 용감하게 활동하였던 화랑들은 씩씩한 전사단의 모습대신에 예술을 사랑하고 유희나 일삼는 귀족으로 변모했으며 정치적인 권력투쟁에 뛰어들어 지방관으로 나아가서 지방호족들과 가까이하게 되어 이들의 반란에 적극 대처하지 않았으며 오히려 그러한 세력과 결탁하여 권력다툼에 동조하였을 것이라고 추정할 수 있는바 이렇듯 화랑의 풍류도는 통일 이전과 이후 사이에 사회적 변혁기를 거치면서 그 성향의 차이가 생기기 시작하였고 유오산수에 연계되어 있는 무술적 훈련, 도덕적 훈련, 종교적 의례 보다 산수에 대한 심미적 향유의 비중이 커지게 되었다.

고려시대

고려시대의 풍류는 팔관회와 관련이 있다. 팔관회는 불교행사인 연등회와는 차이가 있으며 고려태조918~935年는 신라 유풍인 팔관회를 부활시켰고, 그 신라 고사 사선악부와 선풍을 잃지 않았고[6], 선풍인 팔관회와 사불

하는 연등회를 분명히 구별하였다. 그 후 유교주의를 취한 성종982~997年은 잡기백희를 「불경차번요不經且煩擾」하다고 하여 이를 폐지하였으나, 다시 현종 1010~1031年 때부터 회복되어 국가적 연중행사로 계속되었다.

이에 대해「고려사」에 "태조 원년 11월에 해당 기관에서 '전 임금은 매번 중동에 팔관회를 크게 배설하여 복을 빌었습니다. 그 제도를 따르기를 바랍니다.'라고 하니 왕이 그의 말을 좇았다. 그리하여 구정에 윤등 하나를 달고 향등을 그 사방에 달며 또 2개의 채붕을 각 5장 이상의 높이로 매고 각종 잡기와 가무를 그 앞에서 놀렸다. 그 중 사선악부와 용, 봉, 상象, 마, 차, 선船 등은 다 신라 때 옛 행사였다. 백관들은 도포를 입고 홀을 가지고 예식을 거행하였는데 구경꾼이 거리에 쏟아져 나왔다. 왕은 위 봉루에 좌정하고 이것을 관람하였으며 이로써 매년 진례로 하였다."

이러한 기록을 통해서 팔관회는 국가적 제전으로 하느님 및 오악, 명산, 대천, 용신에 대한 제전이었음을 알 수 있다. 팔관회는 궁중에서 왕이 참석한 가운데 진행되었는데, 백희와 가무를 연출함으로써 군신이 동락하였다고 전한다. 거기에는 사선악부의 출연이 있었을 뿐만 아니라, 산대희의 가무와 같은 각종 연행이 있었다. 또한「고려사」세기 권제 18, 의종 22년조에는 '선풍을 준행하고 숭상하라,' '옛날 신라에는 선풍이 크게 행해졌었다.' '고풍에 따라서 팔관회를 행하여 사람과 하나님이 함께 즐거워하도록 하라'라고 기록되어 있으며 이는 팔관회와 풍류도와의 관계를 확인시켜주는 것이다.

---

6) 「事天靈及五嶽名山大川龍神」 또는 「龍天歡悅 民物安寧」

조선초기에서 중·후기

조선시대의 풍류는 양반 사대부 계층의 문화 양식으로서 그들의 유희행위를 대변하는 미학적 의미라고 할 수 있다. 풍류는 일상적으로 시, 서, 화, 악과 같은 표현 매체를 통해서 구현되었고 이러한 풍류활동 속에서 예술적 통합은 감성과 이성의 수준 높은 조화를 추구하였던 유자들의 교양과 고상한 취미활동이었으며 당쟁이 격화되면서 가중되는 권력투쟁의 극단적 긴장으로부터 벗어나고 싶은 욕구로 인하여 풍류의 중요성을 더하였다.

이러한 풍류가 조선 후기에 이르러 풍류의 주체와 풍류공간의 변모가 이루어져 기존에 양반관료 중심의 공식 계회 및 사대부들이 전유했던 사적 시회가 중인계층으로 확산됨으로써 풍류의 집단적 향유가 다양한 계층으로 확산되며 특히 서울에 거주하는 기술직 중인과 경아전을 중심으로 한 중인계층은 '시사와 가단'을 형성하였다. 시회 및 풍류방 공간에서의 그들의 활동은 새로운 문화향유의 유형을 생산한다. 또한 전통적인 의례 및 풍류공간에서 악, 가, 무를 담당했던 기녀와 일부 중인층이 운영에 개입하는 상업적 연행공간으로서의 기방의 등장은 풍류 속에 잠재한 관능적 향락을 가시화하면서 풍류를 대중적으로 확산하는 계기가 된다.

조선후기에서 일제 강점기

마지막으로 조선후기, 일제 강점시기로 사회 전반의 강력한 통치 질서로서의 이념이었던 유교적 지배 이데올로기가 무너지고, 나라의 존립이 위태로운 이 시기에 풍류는 동학으로 변모를 하여 풍류도가 가지고 있던 접화군생의 정신은 인내천 사상으로 변용, 발전된 방향으로 시대적 변혁을 확보할 수 있는 새로운 신앙과 사상적 체계를 구축한 반면, 한편으로는 기존 질서의 급격한 와해로 인하여 풍류의 근원적 의미와는 거리가 멀어지는 취락적, 향락적인 의미로 변질되는 과정을 거치게 되어 현재에 이르게 된다. 이를 정리하면 표 5와 같다.

〈표 5〉 풍류의 시대적 변천

	삼국이전	삼국중기 –통일신라	고려	조선초기 –중기	조선 후기	조선후기– 일제강점기
풍류 유형	종교풍류 시원풍류	정교풍류	유풍풍류	윤리풍류	미적풍류 풍자풍류	유흥풍류 종교풍류
양상	부락제 신맞이 제천의식	화랑도 접화군생 명산대천 주유	국가제전 제천의식 팔관회	계회 시회	시사활동 가단활동 서화활동	잡가, 민요 동학신앙
풍류 개념	제천의식	유오산수	국가제전	문학적 산수풍류	산수풍류의 생활적 향유	향락 풍류 인내천
풍류 집단	국자랑 천지화랑	조의선인 화랑, 무절	군신, 국선	사대부 계회	중인 시사, 가단	동학
풍류 공간	소도 산악	산악 신궁 누정	산악 누정 사찰	자연 누대 별장	풍류방, 기방 인공적 문화공간	기방 서양식극장 산악

※ 자료: 정병훈(2005) 재구성

116

전통 문화공간인
정원에서의 풍류활동

앞에서 살펴보았듯이 시대별로 통용되었던 풍류의 의미와 내용은 시대적 상황에 따라 변용과 변모의 과정을 겪어왔으며, 향유하는 방법 또한 다양했다. 상고시대의 풍류활동은 다분히 신앙적, 제의적 견지에서 해석되며, 그의 실천방법으로 고신도, 신교, 풍류 등으로 불리는 원시종교의 제천의례, 유오산수를 통한 심신의 수련 그리고 초월적 신성을 체험하기 위한 명상수련 등으로 구분되었다. 고려시대에도 이와 유사한 형태의 국가적 제의와 미풍이 불교와 융합되어 면면히 이어왔으나, 고려시대 이후 문인들이 향유했던 풍류의 행위는 그러한 의미와 내용이 대부분 이탈된, 즉, 송나라의 영향을 받아 괴석, 화훼, 애완동물들로 정원을 즐기는 풍조의 유행과 같은 중국 고사와 문인문화에서 유래한 탈속적 성격의 놀이가 주를 이룬다는 점에서 차별된다. 이때의 풍류는 전통적인 의미의 정신문화적 가치를 체현하는 풍류라기보다 자연의 경물을 완상하고 예술을 즐김으로써 인간정신의 초속적이고 우아한 승화를 추구하는 확대된 의미의 풍류로 해석된다. 이러한 풍류활동은 유학경전이나 존경받는 문사의 글에서 군자의 정신적 가치로 예시되어 있는 도덕적 행위, 또는 중국 은일고사의 고상한 행위 그리고 내적으로 무릉도원, 동천을 흠모하는 도가적 이상향이 결합되어 형성된 새로운 풍류의 상을 근거로 한다. 특히 원장園墻으로 둘러친 사유지 안에 정원을 조성하고 그곳에서 행하는 풍류활동은 고려 이후, 특히 조선시대에 문인들을 중심으로 활발히 전개되었다. 이에 대한 구체적인 묘사는 다수의 회화작품을 통해 확인해 볼 수 있는데, 이러한 회화작품에 남겨진 당대 지식인들의 성향은 세상과 격리된 작은 산수자연에서 은일적 이상향을 추구하고 현실사회의 이해득실을 잊어버릴 수 있는 탈속적 놀이의 장면에서 확인해볼 수 있다.

문인들의 풍류는 '노는 것이되 미적·예술적으로 노는 것', '정원의 환경 즉, 주인의 이상이 반영된 식물상과 정원 경물 속 삼라만상과 교유하는 태도', '세속과의 관련을 끊고 개성의 자유로움과 고상한 인격을 수양하는 생활'로 규정해 볼 수 있다. 정원 내부에서 행하여지는 풍류는 멀리 떨어져 있는 명산을 찾지 않고 일상생활 속에서 실천할 수 있는 예술적, 문학적 유형의 유교와 도교를 아우르는 고상한 유흥이었으며, 삶을 예술적 경지로 드높일 수 있는 수단이었다. 이러한 풍류놀이는 첫째 「누상위기도」, 「선객도」와 같이 바둑을 두는 풍류, 둘째 「고사관수도」, 「관송도」 등 은일적 소일의 풍류, 셋째 「군현도」, 「포의풍류」와 같이 음악을 즐기는 풍류, 넷째 「독서당계회도」, 「남지기로회도」 등과 같이 시·서·화의 계회를 즐기는 풍류, 다섯째 「벽오사소집도」, 「서원아집도」 등 다채로운 경물과 동식물상이 구비된 정원에서 아집雅集[7]을 즐기며 차를 마시는 풍류로 분류하여 당시의 시대상을 담은 풍속화를 통하여 살펴 볼 수 있다.

이러한 작품은 당시 사대부 계층의 풍류와 그것의 풍모를 이해할 수 있는 중요한 자료이지만 대부분의 작품에서 각각의 풍류적 소재들이 단일하게 나타나기보다는 상호 혼재되어있는 것들이 많다. 예를 들면, 누각위에서 선비들이 바둑을 두는 모습을 그린 심정주의 「누상위기도」에서 그림의 중심에는 바둑을 두고 있는 선비가 있고 한편에서는 글을 읽거나 시를 쓰기도 하고, 차를 마시며 담소를 나누거나 장죽을 물고 부채를 부치는 등 다양한 장면을 포함하고 있는 것을 볼 수 있다그림 11의 a. 또한 김홍도의 「군현도」에서도 여러 선비들이 배롱나무紫微花와 파초를 중심으로 여름날의 정취를 즐기고자 한쪽은 거문고를 연주하는 선비와 차를 준비하는 종복茶童이 포치되었고 다른 한쪽에서는 시를 짓고 감상하거나 음주의 장면이 그려지는 등 복합적인 풍류의 모습을 담고 있기도 하다그림 11의 b. 이는 이러한 활동이 개인의 절제된 삶을 강제하는 경직된 유교사회에서의 틀을 벗어나 시간적 여유와 정신적 풍요로움을 만끽할 수 있는 풍류놀이의 한 방법이자 동료 문사들과 더불어 사교하는 매개였음을 확인시켜주는 것이다.

이 두 작품에서 등장하는 인물들이 벌이고 있는 풍류의 전형적 행위 외에도 관심을 갖게 되는 또 다른 특징은 그것이 이루어지고 있는 장소이다. 한 곳은 포장된 길과 난간으로 구획되어 있는 사대부 저택의 정원이며 또 한 곳은 마을의 경치 좋은 곳에 마련된 누대 위이다. 즉 사적인 공간으로 마련된 정원뿐만 아니라 누·정·대도 전통조경문화에 있어 풍류와 밀접한 관계를 갖고 있는 근거지로 기능하였다는 것을 알 수 있다.

---

7) 선비들의 시詩 · 서書 · 화畵 · 기棋 · 금琴을 동반한 풍아한 모임

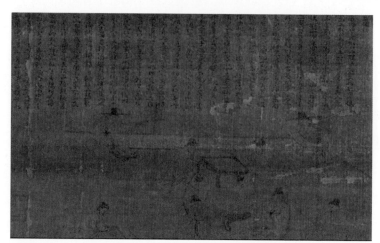

ⓐ 누상위기도(부분), 심정주(18C 초), 국립중앙박물관 소장

ⓑ 군현도, 김홍도(18~19세기), 개인소장

〈그림 11〉 조선시대 회화작품에 나타난 정원풍류

전통적으로 누정은 유상遊賞, 시단의 형성, 강학, 친목, 사장射場, 감시·수비, 교육, 마을의 쉼터 및 회의장소 등의 제 기능을 수행하는 다용도 공간으로 사용되었다. 또한 누정은 전통사회에서 교양인들이 지적활동을 펼치던 곳이었다. 당대의 교양인들은 으레 누정에 모여 시정을 나누고 유흥을 즐기며, 당면한 정론을 펴고 경세문제를 술회하기도 하며, 학문을 닦고 향리의 자제들을 가르쳤다. 그보다 누각과 정자를 무대로 하여 펼쳐졌던 누정문화의 존재양상과 조성되는 위치를 고려해 볼 때, 누정의 가장 주요한 기능은 바로 풍류활동을 영위하기 위한 전용공간이라는 점을 확인할 수 있다. 다시 말해 누정은 바로 풍류를 실천하는 자연의 감상행위나 탈속적 예술적 놀이를 가장 잘 북돋아주는 촉매 역할을 했으며 그를 통해 시작試作과 가악, 음주가 자연스레 연결되었던 장소이자 자연과 인간이 만나는 접점인 동시에 주와 객이 시, 가악, 음주로 한데 어울린 풍류의 중심이 되는 공간이라는 점에서 정원풍류의 연장에서 생각해 볼 수 있다. 물론 정원 내에서도 잘 꾸며진 소경관을 감상할 수 있는 조망지점에 정자나 누대를 경영하며 다양한 풍류 활동이 이루어지기도 한다. 하지만 일반적인 누정은 울타리 속에 가두어진 정원과는 달리 공공적 성격이 강하며 마을의 동산이나 경승의 거점에 세워져서 누구라도 자연 자체를 즐기는 풍류를 향유할 수 있도록 개방되기 마련이다. 따라서 풍류의 향유처는 담장의 유무나 개방성의 여부에 관계없이 자연과 밀착하여 풍요롭고 의미 있는 삶을 누리고자 했던 크고 작은 풍류정원의 영역으로 볼 수 있다.

이렇듯 전통공간에서 이루어진 풍류와 관련된 내용을 풍속화의 각 소재별로 분류하여 살펴보면 다음과 같이 다섯 부류로 나누어 볼 수 있다.

바둑을 두는 풍류

자연스러운 분위기의 후원에서 여러 가지 여흥을 즐기는 후원아집도에는 그림 12의 a 에서 볼 수 있듯이 기와를 얹은 문과 담장이 그림 후면에 보이고 오른쪽으로는 석축위에 괴석형태의 암석이 경계를 이루고 있다. 하단부에는 석축을 쌓아서 조성한 방형의 연못에 연꽃이 피어 있고, 어린 동자가 낚시 줄을 드리운 채 쪼그려 앉아 있다. 연못가에는 오래된 소나무가 한 주 있으며, 휘어진 나무의 하단부에 뿌리가 노출되어 있고 그 위에 한 선비가 걸터앉아서 두루마리를 펼쳐 보고 있다. 그 옆에는 허리를 숙인 채 갓을 쓴 선비가 호기심 어린 표정으로 이를 들여다보고 있다. 가운데에는 자리를 깔고 바둑을 두고 있고 한명은 가운데서 담배를 피며 이를 구경하고 있다. 자리를 깔고 바둑을 두거나 연회를 베푼다는 것은 자연적인 공간을 일시적으로 사적 공간화하려는 시도로서 이는 가변적인 공간의 적극적인 활용이라고 볼 수 있다. 자리를 펼치는 공간이 타 공간과 분리되어 하나의 새로운 공간이 되며 즉석에서 어디로든 이동이 가능하기 때문이다. 특

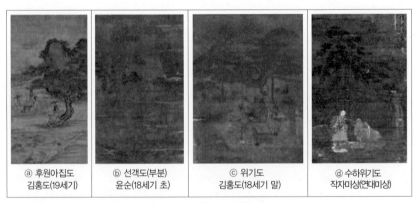

ⓐ 후원아집도
김홍도(19세기)

ⓑ 선객도(부분)
윤순(18세기 초)

ⓒ 위기도
김홍도(18세기 말)

ⓓ 수하위기도
작자미상(연대미상)

〈그림 12〉 조선시대 회화작품에 나타난 바둑 두는 풍류(자료: 국립중앙박물관 소장)

히 나무 아래에서 바둑을 두는 행위는 중국 도교의 신선국 묘사에 나오는 일화로 인해 중국의 영향이라고 볼 수 있는데 함께 제시된 그림들에서도 확인되는 것이지만, 바둑판은 그림 12의 c의 위기도에 볼 수 있듯이 대체로 구부러진 소나무 아래 배치되는 공통점이 발견된다. 중국에서 나타나는 '대혁도對奕圖'류의 그림도 마찬가지로서 대부분 소나무 또는 파초 그늘 아래서 바둑을 두고 있는 것으로 묘사된다. 그것은 오래전부터 문인들이 공유했던 문화관습으로, '소나무 아래서 바람 소리를 듣는 행위'에서 기인한다. 따라서 문인들의 고상한 취미생활을 그린 회화작품에는 으레 소나무의 도상이 삽입되었다. 마찬가지로 그림 12의 d 수하위기도에 나오는 소나무 역시 같은 연유로 배치된 것으로 판단된다.

그림 12의 b 선객도에 나타난 바둑을 두는 신선의 그림의 제목은 '초부난가樵夫爛柯'로 난가는 "중국 진나라때 왕질이라는 나무꾼이 골짜기 깊숙이 들어갔다가 두 동자가 바둑을 두는 것을 구경하는 동안 도끼자루가 썩어 버리고, 마을에 돌아오니 아는 사람이 다 죽었더라."는 고사에서 비롯된 말로 바둑과 신선세계와의 연관성을 직접적으로 설명해주는 그림이라 할 수 있다. 이는 6세기경 중국에서 간행된 「술이기」에 다음과 같은 내용으로 전하고 있다.[8]

신안현에는 현실판이 있다. 진나라 중조 때에 왕질이라는 사람이 있었는데, 나무를 하러 석실에 갔다가 동자 네 명이 거문고琴를 타면서 노래하는 것을

---

8) 信安縣有懸室坂 晉中朝時 有民王質 伐木至石室中 見童子四人彈琴而歌 質因留倚柯聽之 童子以一物 如棗核與質 質含之 便不復饑俄 頃童子曰: 其歸 承聲而去 斧柯漼然爛盡 旣歸 質去家已數十年 親情凋落 無復向時比矣.

보았다. 왕질이 곁에 머무르며 도끼자루에 기대어 그 소리를 듣고 있으니, 동자가 대추씨와 비슷한 것을 왕질에게 주었다. 왕질이 이를 먹자 문득 배고픈 줄을 모르게 되었다. 이윽고 동자가 '돌아가시오'라고 하자 그 소리를 듣고서 가려는데, 도끼자루가 이미 썩어 문드러져 있었다. 그리고 마을에 돌아오니 왕질이 집을 떠난 지 이미 수십년이 지난 후였고 친족들은 늙고 쇠미하여 옛날의 모습이 온데간데없었다.

이렇듯 문인들이 모여 여유롭고 한가하게 소일하는 거리로서의 바둑은 군자의 인격을 추구하는 탈속심미의 문인생활을 영위하고자 애완되었던 놀이였으며, 한편으로는 신선세계를 동경하는 조선시대 문인들의 의식세계가 내재되어 있다고 하겠다. 문인들은 위기도를 통해 은일, 초탈, 무욕의 상태에 도달하고자 하였는데 이러한 탈속적 상징성으로 인해 신선과 은일자들에 대한 고사를 그릴 때 위기도를 함께 그렸다.

조선시대 전기의 위기문화는 왕족과 사대부, 서민 등 다양한 계층이 향유할 수 있게 되어, 풍류이자 유희적 도구로서 바둑을 즐겼는데, 문화행위는 유희로 흐르고 있었지만 이상 가치는 유유자적하던 태도에 두고 있었다. 조선시대 전 시기에 걸쳐 위기사에 공통적으로 나타나는 것은 위기문화를 즐기던 선비의 유유자적하던 태도인데, 주로 이는 은일자나 신선에 자신을 의탁하여 드러내고 있음을 알 수 있으며 바둑을 모티브로 한 그림은 은일거사를 주제로 한 소경산수인물화에서 탁족, 관폭, 탄금 등과 더불어 그려지기도 하였다. 이렇듯 조선시대 바둑문화는 다양한 향유층에 의해 다층적 바둑관이 형성된 것으로 보이며 바둑의 전통적 상징성인 '은일의 매개체이자 도에 다다를 수 있는 선비문화의 정수'라는 관념과 더불어 고상한 유희 및 오락을 위한 유선遊仙적 취향의 도구로서 자리매김 하였음을 알 수 있다. 이를 통해 볼 때 바둑은 고상하고 운치 있는 선비의 풍류문화와 선취仙趣적 공간 분위기를 묘사하는데 매우 중요한 모티브이자 소재로서 폭넓고 지속적으로 인식되어 왔던 것으로 파악된다.

신선의 은일적 소일의 풍류

도가적 사상의 은일적 풍류를 표현한 풍속화로는 그림 13의 a, b 고사관수도를 비롯하여 c, d, e, f의 탁족도, 관송도, 관폭도, 관안도를 통해서 확인할 수 있으며, 고사란 '뜻이 크고 세속에 물들지 아니한 고결한 선비로 속세의 뜻을 잠시 물러두고 은일적 소일에 풍류를 즐기는 신선'을 의인화한 것으로, 물, 소나무, 폭포, 달 등의 물상을 대하는 고사의 행위는 속세와 격리되어 관조의 사색을 하는 신선의 행위를 표현한 것이며 신선을 지향하는 풍류적 소일을 통해 자신 또한 이러한 신선이 되고자 하는 욕구를 간접적으로 기원하는 의미이다. 사실 각각의 화제는 동양의 문인문화에서 공유해 온 고사 및 도체에 대한 심미체험을 묘사하여 즐겨 그려지던 것들이다.

조선 전기를 대표하는 선비화가 강희안1417~1464이 그림 13의 a 고사관수도를 통해서 한 선비가 계곡가에서 바위에 엎드린 채 물을 바라보고 있는 모습을 표현한 것은 피비린내 나는 정파의 격랑속의 세속을 벗어나 자연의 품에 안겨 위로를 받고 싶은 자신의 마음을 잠시 계곡에서 턱을 괴고 추수리는 은일적 풍류를 그림을 통해서나마 즐겨보고 싶은 의미를 담고 있으며, 같은 주제인 조영석의 그림 13의 b 고사관수도에서는 아무런 욕심이 없는 듯한 선비가 몇 권의 책을 옆에 놓아두고 술에 취한 듯, 경치에 취한 듯, 물가에 비스듬히 기대어 자신의 여유 자작한 삶의 모습처럼 잔잔히 흐르는 물을 바라보며 물아일체의 소탈한 표정으로 은둔하며 소일하는 선비를 표현하였다. 이러한 고사도는 그림 13의 d 소나무 또는 f의 기러기, 그리고 달(고사관월도)과 같이 신선과 하늘을 연결하는 상징적 소재를 접목시켜 현실과 신선세계를 같은 공간으로 대응시켜주는 동시에 속세를 떠난 선비의 탈속적, 관조적 시각을 표현하고 있는 것이다.

특히, 고사관수도에서 물을 관조하는 행위는 단순히 경치 좋은 곳에서 물을 구경하는 것이 아니라 물을 통해 도체와 이법을 궁구하여 초탈에 이르는 장면을 나타내고 있으며 자연에 대한 감상은 정신 속에 내재된 도덕과의 감응에 의해 이루어짐을 암시한다. 공자는 평생 물에 대해 특별한 관심을 보였다. 그는 물의 성질에 대한 깊은 통찰과 체험을 통해 인간의 정신

ⓐ 고사관수도, 강희안(15c)　　ⓑ 고사관수도, 조영석(17c)　　ⓒ 고사탁족도, 이경윤(16c)

ⓓ 고사관송도, 김홍도(17c)　　ⓔ 정선필관폭도, 정선(17c)　　ⓕ 고사관안도, 이경윤(16c)

〈그림 13〉 은일적 풍류를 주제로 한 풍속화 (자료: ⓐ, ⓒ, ⓔ 국립중앙박물관소장. ⓑ, ⓓ, ⓕ http://psh.krpia.co.kr)

속에 내재된 도덕적 품격에 이르는 길을 제시하였다. 지자가 물을 좋아하는 것은 물이 자신과 유사하게 쉼 없이 흐르는 동의 특징을 지녔기 때문이다. '지자요수知者樂水'에서 물은 단순한 감상의 대상이나 이용의 수단이 아닌 순수 도덕성을 보여주는 관념적 대상이고, 군자의 덕성을 비유한 인격적 대상이 된다. 또한 물은 도체의 속성을 의인화한 물로 종종 비유된다. 공자는 천지의 공능이 한순간도 끊임없이 이루어지는 것을 성찰하기 위한 대상으로 흐르는 물을 바라보았다. 따라서 문인문화에서 물을 관조하는 풍류는 물에 내포된 고매한 상징성을 통해 이상적인 인간상인 군자로 나아가는 수심의 행위이자 우주의 변화상이 투영된 도체를 궁구할 수단으로의 물인 것이다.

반면 그림 13의 c에서 '탁족도'의 물은 혼탁한 현실에서 도피하고자 하는 물이다. 예로부터 더위를 피하기 위해 즐기던 여름 풍속으로 탁족이 있었다. 그런데 조선의 선비들에게 있어서 탁족놀이는 단순한 유희행위가 아니라 성현들이 가르친 '탁족'의 의미를 되새기고자 하는 행동으로 여겨져 왔다. 우리나라의 풍속을 기록하고 있는「동국세시기」에서 탁족을 서울에서 크게 유행하던 6월의 풍속으로 전하고 있던 만큼, 탁족놀이는 사대부뿐만 아니라 일반인들 생활양식에서도 비중 있는 행위였음을 알 수 있다.

천연정의 연꽃, 삼청동, 탕춘대, 정릉의 수석에 산보객이 많이 모인다. 이것은 하삭의 회음을 모방한 행사이다. 또 서울 풍속에 남산과 북악산 계곡에서 탁족놀이濯足之遊를 한다.「동국세시기」6월조 月內

주지하다시피, 탁족의 기원은 중국 고전인 「초사」어부편의 한 구절에서 연원한다.

"창랑의 물이 맑으면 갓끈을 씻을 것이요, 창랑의 물이 흐리면 발을 씻을 것이다."[9]에서 '맑은 물에 갓끈을 씻는다'는 것은 세상의 정치의 도가 올바른 때면 의관을 갖추어 조정에 나아간다는 뜻이고, '발을 씻는다'는 것은 도가 행해지지 않는 세상을 미련 없이 떠나서 은둔자로서의 삶을 살겠다는 수신과 은둔의 자세로 여겨졌던 것이다. 따라서 '탁족도'는 산림과 초야에 은거함으로써 혼탁한 현실로부터 자신의 도덕적 순결을 지키려는 은일풍류 또는 창랑으로 상징되는 개울에 발을 담그고 우주와 교감을 하는 마음의 평안과 자유를 찾는 청일淸逸의 풍류를 묘사한 것이라 할 수 있다.

마지막으로 살펴볼 그림 13의 e '관폭도'에 내장된 물은 다의적이다. 세차게 떨어지는 물을 바라보는 관폭의 행위는 일종의 재계의식으로 문사의 수신방법 가운데 하나라고 할 수 있다. 폭포는 강한 물줄기의 힘, 이 절대적인 힘을 바라보며 관자는 폭포의 가압적인 장엄미와 굉음을 통해 일종의 카타르시스를 느낀다. 그런가 하면, 관폭은 흐르는 빠른 물의 동태를 바라봄으로써 지혜를 찾는 것을 의미한다. 공자가 설파한 지자요수의 원론적인 의미를 빌리지 않더라도 쉴 새 없이 떨어지는 물을 바라보고 있는 화면 속 주인공은 무엇인가를 골몰히 생각하고 있다. 그는 어느 것이 경도이고 어느 것이 권도인지를 가늠하고 있을 수 있고, 물아일체의 정신적 경지에 들어가 있을 수도 있다. 이러한 은인 또는 고사는 어떻게 보면 유와 도가 하나로 혼합된 인물형상인 듯하다. 도가적으로는 유거하는 선인이나 도사일

---

9) 滄浪之水淸兮 可以濯吾纓 滄浪之水濁兮 可以濯吾足.

수 있겠지만, 유가적 관점으로 보면 '나를 써 주면 도를 펼치고, 인정해 주지 않으면 은둔해 버리는'[10] 이른바 전형적인 은둔문사로 볼 수 있기 때문이다. 그 판단은 그림을 감상하는 이의 심중에 달려있겠으며, 도사의 풍류인지 아니면 군자의 풍류인지는 그다지 중요하지 않다고 본다. 따라서 관폭의 행위는 세상과의 단절을 뜻하는 은일적 도가의 아이콘과 불의와의 단절로 이해되는 유가적 상징이 융합되어 있는 다의적 풍류의 한 형태로 볼 수 있다.

계회속의 시·서·화를 즐기는 풍류

문인들이 풍류를 즐기고 친목을 도모하는 대표적인 행사인 계회는 조선시대에 본격적으로 성행하였는데 문인 계회는 70세 이상의 덕망이 높고 정이품 이상의 관직을 지녔던 원로사대부들로 구성된 기로회 혹은 기영회와 동갑이나 관아의 동료들로 이루어진 일반문인계회로 나뉘며 문인들은 계회장면을 화공에게 그리게 하여 그것을 대대로 가문에 보관하였는데 이러한 그림을 계회도라 하며 일종의 기록화이자 공적인 풍속화로 매우 중요하다.

조선 초기의 계회도는 3단으로 구성됐으며 맨 위 상단에는 모임 제목을 전서체로 멋을 부려 썼다. 중단에는 산수를 배경으로 의관을 갖춘 선비들의 모임 장면이 그려졌다. 하단에는 계회에 참석한 구성원의 이름과 생년, 등제년, 위계, 관직명 등을 적은 좌목이 들어간다. 이런 형식의 계회도

---

10) 用之則行, 舍之則藏(「論語」述而).

는 중국이나 일본에서는 그려지지 않은 조선회화의 독특한 특징이다. 계회도는 문인 관료들의 모임을 그린 기록화로 문인들은 친목도모와 풍류를 즐길 목적으로 계회를 자주 열었다. 뜻 깊은 모임이었던 만큼 계회장면은 참가자의 수만큼 그림으로 제작해 나눠 가졌다. 같은 제목의 계회도가 여러 점 전해진 이유도 그 때문이다. 또한 문인화가들이 자신들의 아취와 풍류생활을 담은 사인풍속 그림에서 가장 빈번하게 그려진 아집도 역시 계회도의 범주에 포함시키기도 한다.

그림 14의 a '독서당계회도'는 독서당에서 사가독서[11]한 것을 기념한 그림

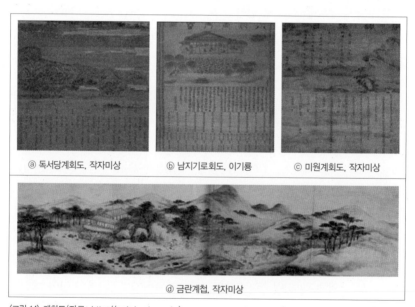

ⓐ 독서당계회도, 작자미상 　ⓑ 남지기로회도, 이기룡 　ⓒ 미원계회도, 작자미상

ⓓ 금란계첩, 작자미상

〈그림 14〉 계회도(자료: http://psh.krpia.co.kr)

---

11) 국가의 유능한 인재를 양성하고 문운(文運)을 진작시키기 위해서 젊은 문신들에게 휴가를 주어 학문에 전념할 수 있도록 한 조선시대 제도

이다. 화면의 중단에는 서울 옥수동 앞 한강에 배를 띄운 장면과, 배와 송림 속의 독서당을 산수화법으로 그렸다. 하단에는 이 모임에 참여한 9명의 문사들의 좌목이 기록되어있다.

그림 14의 b '남지기로회도'는 숭례문 밖 남지에서 열린 기로회의 모습이며 남지는 관악산의 화기를 제압하기 위해 풍수적 엽승책으로 설치된 연못으로 "남지 숭례문 밖에 있는데, 연지라고 한다. 서지 모화관 남쪽에 있는데, 가물 때 비를 빌면 영험이 있다."는 기록『신증동국여지승람』 제 3권 한성부 산천조이 있으며 남지는 한양으로 도를 정할 때 방화의 목적으로 못을 만들었다는 기록과 이 연못을 깊이 파서 맑게 하면 남인이 등용된다고 하는 속신이 있다. 그림 14의 c는 현재까지 알려진 가장 오래된 계회도로 사간원의 모임을 그린 '미원계회도'로 미원薇垣은 조선시대 언론을 담당한 사헌부, 사간원, 홍문관 등의 삼사중 하나인 사간원의 별칭이다.

화면 우측 바위언덕에 두 그루의 소나무와, 언덕 아래의 평지에는 5명의 계회 참석자들이 담소를 나누듯이 둘러앉아 있으며 바위언덕 밑, 한켠에는 음식 시중을 드는 종복과 술동이가 놓여있는 커다란 상이 준비되어 있다. 언덕 뒤편에는 긴 장대 양끝에 술동이로 보이는 짐을 어깨에 메고 낮은 나무다리를 서둘러 건너오는 풍경속의 인물의 동적인 움직임과 화면 좌측에 낚시를 하는 나무배의 정적인 풍경을 대조적으로 표현하였다. 이런 방법으로 풍속화에 표현되는 풍류유인들의 풍류의 장면은 좌우대칭을 중요시하는 서양화의 구도와는 차원이 다른 정과 동의 대비를 통한 미묘한 균형을 나타내는 고도의 표현기법이라 판단된다.

그림 14의 d '금란계첩'은 안시윤이 여러 벗들과 북한산 중흥사에 묵으면서 금란계를 결성한 뒤 이를 기념하여 제작한 계첩으로 금란이란 역경에 나오는 "두 사람이 마음을 같이하면 그 날카로움이 쇠를 끊고, 마음을 같이하는 말은 향기가 난초와 같다."[12]의 내용에서 유래한 것으로 '금석처럼 굳고 난과 같이 향기로운 사람들의 모임'이라는 의미를 지닌다. 계곡의 주변에서 문인들은 승려들과 함께 무리를 지어 술을 마시며 담소를 나누거나, 주위의 산수경관을 감상하거나, 필묵을 갖추고 시를 짓는 등 다양한 모습으로 모임을 즐기고 있다. 이는 조선시대 문인들의 풍류관이 여항문인[13]을 비롯한 중인계층까지 확산되었음을 보여주는 장면이다.

음악적 풍류

공자는 "시詩로써 감흥을 일으키고 예禮로써 질서를 세우며, 악樂에 의해 인격을 완성한다."[14]고 함으로써 시와 악을 예와 병립시키는 것을 군자가 되기 위한 선결 조건으로 설파하였다. 군자의 수신에 있어 시와 악을 학습하지 않으면 완전한 인간이 될 수 없다는 말이다. 유교적 사고에서, 악이 이렇게 중요한 작용을 하는 이유는 악이 성정을 형성하는 주요한 수단이 되기 때문이다. 그래서 조선시대 문인들에게 있어 악에 대한 소양과 악기의 숙련은 매우 중요한 사안이었다고 할 수 있다.

---

12) 二人同心 其利斷金 同心之言 其臭如蘭(「易經」 繫辭上傳).
13) 서민들의 살림집이 많이 모여 있는 좁은 거리를 여항이라하고, 그곳에 사는 중인, 서얼, 서리, 평민과 같은 여항인 출신 문인들을 여항문인, 그들의 문학을 여항문학이라 한다.
14) 興於詩 立於禮 成於樂(「論語」泰伯).

그림 15의 a '후원유연도'는 상류층 사대부가의 뒤뜰에서 벌어진 음악회의 장면을 그린 김홍도의 그림이다. 특히 여기서 나타난 정원의 구성은 예술을 즐김으로써 우아한 가치를 실현하고 있는 풍류의 장으로써 조명해 볼만하다. 그림의 소재에서 학은 김홍도의 다른 작품에서도 자주 보이는 동물상이기도 하지만, 기본적으로 신선이 타고 다니는 선학을 상징하는

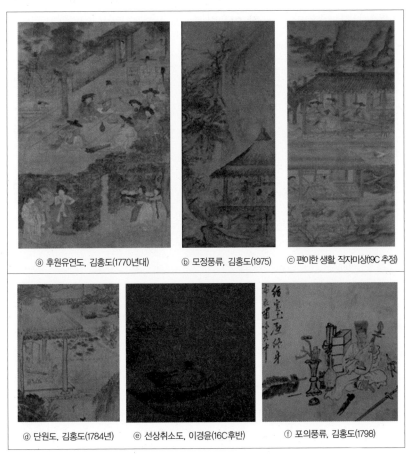

ⓐ 후원유연도, 김홍도(1770년대)   ⓑ 모정풍류, 김홍도(1975)   ⓒ 편이한 생활, 작자미상(19C 추정)

ⓓ 단원도, 김홍도(1784년)   ⓔ 선상취소도, 이경윤(16C후반)   ⓕ 포의풍류, 김홍도(1798)

〈그림 15〉 음악적 풍류의 풍속화 (자료: ⓐ 프랑스 기메미술관 소장. ⓑ 국립중앙박물관 소장. ⓒ 북한 조선미술박물관 소장. ⓓ 개인소장. ⓔ http://psh.krpia.co.kr. ⓕ 리움미술관 소장.

요소로 이입된 것이다. 또한 소나무, 대나무, 오동나무의 식물상과 방지, 괴석이 나타나고, 뜰에 놓아기르는 두 마리의 학과 오리도 보인다. 이것들은 실물상과 실경을 표현한 것이라기보다는 동시대 상류층의 정원에 도입된 요소를 적절히 조합하여 풍류의 상을 재창조한 도상으로 볼 수 있다. 이러한 풍류의 양상은 지금까지의 풍속화와는 달리 은일자의 색채를 띠기보다는 서울에 거주하는 경화세족의 귀족적 취미로 전개된 것이라 할 수 있다. 그런가 하면, 악은 남들과 잘 어울릴 수 있게 하고 모임의 흥취를 돋우는 좋은 매개가 되기도 한다.

다음에 살펴볼 그림 15의 b '모정풍류'는 지방향관으로 추정되는 인물의 호사로운 풍류를 위한 음악 취미를 잘 보여 준다. 이 역시 김홍도의 작품이다. 그림에는 절벽과 폭포를 뒤로 한 경치 좋은 곳에 위치한 모정에서 갓 쓴 선비 둘이 기녀 둘을 대동하여 담소를 나누고 있고, 기녀 한 명이 생황을 불고 있다. 폭포와 계류소리도 좋을 텐데, 기녀의 기교 있는 연주가 더해졌던 것이다. 이러한 장면은 단지 귀족적 낭만을 즐기기 위한 유흥으로 볼 수 있겠다.

이어 살펴볼 작자 미상의 그림 15의 c 조선미술박물관 소장 '편이한 생활-쇄사酒肆'에는 사랑채에서 지체 높은 집안의 자재들로 보이는 젊은 양반 네 명이 한바탕 차를 마시고 음주를 벌인 후 거문고를 연주하며 유흥을 즐기고 있다. 아래쪽 공간에는 또 다른 무리가 있다. 낡은 초가에서 식기를 만지는 여인과 탁주 사발을 들고 있는 남성이 있고, 마당엔 한 남성이 볼품없는 밥상 앞에서 식사를 하고 있다. 아랫사람의 일상적인 모습을 묘사한 것이다. 이렇듯 작자는 상반된 두 계층의 생활상을 한 화면에 대비시

킴으로서 양반 자녀들의 한심한 행태와 그들의 방탕을 풍자했다.

　사실 이러한 풍류의 태도는 아속을 구분 짓는 행위가 변용된, 즉 문화적 가치를 실현함으로써 좀 더 고상하게 보이도록 행동하는 방법을 풍류와 동일시했던 인식에 근거한다. 조선시대의 문인들은 일상생활에서 풍류 행위를 즐겼고, 친한 동료들과의 모임에서 탈속적 놀이로 이를 실현하기를 원했다. 그러한 놀이는 고상하고 우아함 즉, '아'의 개념과 어울리는 것들이었는데, 탄금이야 말로 군자의 인격을 수양하기 위한 방법으로 권장되던 것이었다. 하지만 그러한 아의 풍격과 풍류를 실현하기 위한 수단은 종종 속인들의 태도와 자신을 구별 짓는 방법으로 활용되곤 했다. 때문에 동서양을 막론하고 부와 지위를 갖춘 상인계층이 상위계급 또는 문인사회에 진입하기 위해 고상한 놀이를 즐기기도 하였는데, '편이한 생활'에 나타난 방종에 가까운 행위는 바로 탈속적 의미의 풍류가 방탕으로 흐를 수 있음을 말해준다. 그럼에도 불구하고 조선시대에 있어 풍류의 주된 흐름은 여전히 고상하고 우아한 군자의 삶을 지향하는 의미의 풍류였다.

　당대 최고의 화사였던 김홍도는 여항 문인들과 어울리며 은일 고사의 행위를 재현한 취미생활을 기록하였다. 그림 15의 d는 김홍도의 '단원도'이다. 그림은 김홍도의 나이 37세였던 1781년, 정란, 강희언, 김홍도 세 사람이 김홍도의 집이었던 단원檀園에 모인 것을 기념하기 위해 제작된 것이다. 여기서도 탄금은 빠질 수 없는 유흥의 소재이다. 그림 속 거문고를 연주하는 이는 김홍도 자신이다. 이런 인물의 행위보다도 그림에서 비중 있게 그려진 것은 김홍도의 자부심이 엿보이는 정원의 실경이다. 단원은 회화작품을 통해 아취있는 풍류의 정원상을 창출해왔던 화가 자신의 안목이 묻어있는 정원이라는 점에서 눈여겨 볼만 하다. 정원에는 연못과 괴석이 보이고 김홍도의 그림에서 자주 등장하는 소나무, 오동나무, 파초, 버드나무와 학이 나타난다. 또한 기울어진 소나무 가지를 받치고 있는 지주목에서 보듯이 정원은 김홍도가 정성스럽게 가꾼 것이었음을 알 수 있다.

고래로부터 풍류의 향유처는 산수의 풍광이 좋은 경승지였다. 그런데, 중국 문인들의 아집문화가 원림문화의 흥성에 큰 영향을 미쳤듯이, 조선시대 정원문화에서도 문인들이 모여 풍류의 다양한 종류를 실천하는 고정된 장소를 제공해 주고 쉽게 접근할 수 있는 정원의 존재는 매우 중요한 부분이었다. 특히 조선시대 정원은 마음에 맞는 문사들이 모여 기금서화棋琴書畵의 기예를 나누는 거점으로 활용되었기 때문에, 그에 어울리는 고상한 요소와 형식을 갖추는 것은 정원의 주인에게 있어 중차대한 과제였다고 할수 있다. 이러한 점은 풍류의 향유처와 정원과의 관계를 시사하는 부분으로서, 양식, 공간구성요소, 의장, 장식의 측면에서 정원문화의 전개양상은 많은 점에서 풍류의 향유와 밀접한 관련이 있다고 본다.

선비의 해맑은 풍도를 연상케 하는 그림 15의 f 김홍도의 '포의풍류'는 사방건을 쓰고 비파를 타고 있는 노년의 병고와 실의를 담은 김홍도 자신의 모습을 그린 자전적인 작품으로 알려져 있으나, 근래 우리 미술사학계에서 위작논란이 일어나기도 했다. 등장하는 인물상 주위에는 문방사우를 비롯한 책, 파초, 술잔과 불로초, 생황과 검, 표주박 등이 등장하는데, 김홍도가 평상시에 누리던 문인취향의 단면과 더불어 선도에도 심취했던 풍류생활의 면모를 엿보게 한다. 비파를 타고 있는 인물의 주변에 무심하게 나뒹구는 사물들의 배치와 화면좌측에 쓰여 있는 '흙벽에 아름다운 창을

내고 여생을 야인으로 묻혀 시가나 읊조리며 살리라[15]'라는 화의는 쓸쓸하고 우울한 정감을 불러일으킨다. 다만 이 인물은 방안에 울리는 악기 소리로 적적한 심정을 달래고 있는 듯이 보인다.

그림 15의 e '선상취소도'는 f의 '포의풍류'의 소재인 비파와 달리 피리를 소재로 표현했지만 두 그림 모두 속세와 멀어지고 싶은 선비의 은일적 풍류를 표현한 풍속화라 할 수 있다. 특히 다소 번잡한 유흥의 흥취를 보이는 그림 15의 a, b, c, d와 달리 e, f는 세속의 번잡함을 마다한 화면속의 주인공인 선비가 홀로 은일적 풍류를 즐기고 있는 듯한 표현을 하고 있다.

전다煎茶의 풍류도

그림 16의 a '벽오사소집도', b '수계도권', c '서원아집도'는 당시 사대부들의 모임을 기록한 풍속화인 계회도의 한 부분에 속하지만 그림에 표현된 소재 중에 특별히 다구와 차 시중을 드는 다동의 표현이 있어 별도로 분류하였으며 풍류문화에서 빼 놓을 수 없는 요소 중 하나가 바로 차茶이다. 다공문화에서 풍류적 선도의 지향의식은 청유의 다석에서 나타난다. 예나 지금이나 찻 자리는 번뇌와 근심을 없애므로, 신선처럼 놀며 혼자나 여럿이서 예술과 도를 즐기는 고상한 놀이터가 되기도 한다. 또한 차를 끓이고 행다行茶하는 일 자체도 '락樂'으로, 신선의 놀이로서 언급한 글들도 적지 않은데, 차를 마시는 자리는 신선처럼 놀며 예술과 도학을 즐기는 방법이기도 했다.

그림 16에서 제시된 그림은 사대부 문인의 모임을 기록한 아집도 또는 雅

---

15) 綺窓土壁 終身布衣 嘯咏其中.

ⓐ 벽오사소집도, 유숙(1861년)

ⓑ 수계도권, 유숙(1853년)

ⓒ 선면서원아집, 김홍도(1778)

〈그림 16〉 전다상이 나타난 회화작품 (자료: ⓐ 서울대학교박물관. ⓑ 개인소장. ⓒ http://psh.krpia.co.kr.)

會圖이다. 이 작품들에서 탄금상이나 음주상은 포함되지 않았으나 글을 쓰는 휘호揮毫상과 청담, 전다상의 묘사는 모임의 성격을 규정하는 필수요소임과 동시에 풍류의 대표적인 표상으로 받아들여진다. 여러 문사가 정원과 뜰에 모여 장죽을 묻고 두루마리를 펼치고 있는 모습은 아집의 전형적인 풍경이다. 특히 표현된 도상중에 다구와 차 시중을 드는 다동의 묘사는 모임에 차가 빠지지 않았다는 것을 방증한다.

명차와 청유의 연관성이 우리 기록으로 나타나기 시작한 것은 6세기 사선이 경치가 수려한 한송정 등지를 청유할 때 차를 끓여 마신 석지조와 다구에 대한 기록이다. 또한 충담의 경덕왕 어전 다석의 경우 풍류다회의대표적인 사례라 할 수 있다. 석지조는 찻물을 담는 돌그릇으로서, 큰 돌덩이 하나에 바람구멍이 있는 풍로와 물을 담는 작은 못이 함께 파져서 만들어져 있는 것으로 한국만의 독특한 다구이며, 한송정은 동해가 한눈에 보이는 바닷가 언덕에 있는데 화랑의 차문화 유적으로 유명하며 신라 때부터 내려오는 우물과 차를 끓이는 돌 부뚜막이 있어 중국과 일본의 차인들까지 한번쯤 찾아오고 싶어 하는 곳이다. 이후로 고려, 조선과 근대에 이르기까지 선비나 승려들의 다시문에서 선비들은 찻 자리에서 시를 짓고 이를 음률로써 노래하는 일이 예사였으며, 서화 등의 예술 활동을 한 기록이 많이 나타난다.

조선후기 실학자 이사질1705~?의 글에 "동자에게 시켜 왼쪽 팔에 앉을 자리를 끼고 오른손에 불을 피우는 도구煙具를 들게 하여, 뜻이 가는 대로 경치 좋은 곳에 자리를 옮겨 차를 끓여 오게 하였더니, 마음이 편안해지고 기가 퍼졌다. 이 밖에도 또 어떤 즐거움이 있는지 모르겠다. 겉으로 갖추어진 화려한 것은 어찌 말할 거리가 되겠는가?"에서 확인되듯 조선시대 당시의 사대부 문인들에게 있어서 풍류와 차는 뗄 수 없는 불가분의 관계였던 것이고 이렇듯 차를 함께 즐긴다는 선도의 풍류를 기원하는 인식과 전다상은 고구려 고분벽화의 피리 부는 여선과 선인다동 그림 등에서도 확인할 수 있다. 그림 16에 표현된 차를 마시는 모습은 조선시대 이상적인 풍류의 한 장면을 표현하고 있으며 이러한 형태의 풍류문화가 사대부 문인들 사이에 널리 퍼져있었음을 알 수 있다.

한편, 지금까지 살펴본 것처럼 차는 풍류의 매개로서의 역할을 하고 있지만 신선이 되기 위한 선약을 만드는 풍경과 관련된 것으로 이해할 수 있는 부분도 있다. 이와 관련하여 중국의 경우 신선이 되려면 몇 가지의 수련 방법이 있는데 단약을 다려 먹는 외단, 태식, 도인, 벽곡, 방증 등이 그것이다. 그러나 외단법은 그 주원료인 단사로 인하여 당시 수련자들의 수은 중독의 폐해가 심각하였다.

본래 도교에서 말하는 단은 선단이라고도 하여 그것을 먹으면 우화등선하는 약인데 이 선단은 정기에 연과 수은을 넣고 불을 지펴서 두 가지 약물이 날아가지도 않고 달아나지도 않게 하여 한 가지로 합치게 연조하는 것인데 결국 일종의 연금술에 의해 장생불사약을 제조하는 것이다. 선약을 먹고 신선이 되었다는 우리 역사상의 기록으로 '환단고기'환웅천황의 배달시대에 "웅씨족 여인을 황후로 삼다. 삼칠일21일을 택하여 상제님께 제사지내고 바깥일을 꺼리고 삼가 문을 닫고 수도하셨다. 주문을 읽고 공덕이 이뤄지기를 기원하셨으며, 선약을 드시어 신선이 되셨다. 괘卦를 그어 미래의 일을 아시고, 천지변화의 움직임象을 파악하여 신명을 부리셨다."는 기록과

'신증동국여지승람'에 "경포대, 부 동북쪽 15리에 있다. 포의 둘레가 20리이고, 물이 깨끗하여 거울 같다. 깊지도 얕지도 않아, 겨우 사람의 어깨가 잠길만하며, 사방과 복판이 꼭 같다. 서쪽언덕에는 봉우리가 있고 봉우리위에는 누대가 있으며, 누대가에 선약을 만들던 돌절구가 있다...중략...경포대는 신라 시대에 영랑선인들이 놀던 곳이다."라는 기록이 있다.

이처럼 고대에 선약의 복용은 신선의 단련하는 한 가지 방법으로 인식되었던 같다. 그림 17의 돌절구는 경주 황남대총에서 발굴된 4~5세기 무렵에 곡물이나 약재를 빻기 위해 신라에서 사용되었던 것으로 당시에 신선이 되기 위해 선약을 만들었던 방법을 확인할 수 있다. 풍속화 중에서 선약을 달이는 것을 직접적으로 표현한 그림으로는 그림 18의 선동전약으로더벅머리의 복스러운 소년이 화로에 쪼그려 앉아서 부채로 숯불을 일궈내고, 다로 위에는 약관이 얹혀 있고 소년 곁에는 선경이라 생각되는 두루마리 뭉치가 한 묶음 놓여있으며 그 곁에는 두 뿔이 장대하게 솟아난 숫사슴

〈그림 17〉 돌절구(신라 4~5C) (자료: 국립중앙박물관, 2013)

〈그림 18〉 선동전약(이인문, 1745~1824) (자료: 한국민족미술연구소, 2006)

한 마리가 무릎 꿇고 앉아서 약 달이는 장면을 무심히 바라보고 있다. 사슴이 장수·길한 징조·인간의 손길이 미치기 어려운 선계를 상징하는 만큼, 이러한 도상은 소년이 이미 신선세계에 들어 있음을 은연중 표출하는 것으로 풀이된다. 또한 적송의 큰 둥치 아래 지표 위에는 연지빛 영지가 무더기로 돋아나 있어 이 또한 신선세계임을 암시한다. 그림 속에 첨가된 제사에는 "너와 사슴이 다함께 잠들면, 약 달이는 불길이 시간을 넘기리라."는 설명으로 그림속의 다구가 선약을 달이는 도구임을 확인할 수 있다.

이상에서 살펴본 것과 같이 우리 풍류문화에 있어 차는 청담의 실현과 오락의 도구로 사용되었으며, 은둔과 아취의 추구는 차를 마시는 행위로 점차 심화되었다. 따라서 문인들의 모임에는 으레 다구가 구비되어 있었으며 다분히 상징적 의미의 '차'를 끓이는 종복도 곁에 두었다. 이렇듯 전통적인 문인문화로 전승된 음다상은 신선이 되는 선약의 이미지와 그 궤를 같이 하였다. 그러한 이미지는 그림에서 선계를 상징하는 사슴, 영지, 학, 소나무, 취병 등과 함께 나타기도 하였던 바, 선유仙儒가 복합된 전다의 풍류는 문인들의 탈속적 놀이를 더욱 풍부하게 해 주는 행위로 전승되었다고 여겨진다.

지금까지 풍속화를 통해서 살펴보았듯이 조선시대 선비들은 신선의 놀이를 상징하는 바둑을 두거나, 자연 속에 은일적 소일을 통해서 신선의 풍류를 즐기기도 하였으며, 계회의 모임을 통해서 시, 서, 화를 즐기는 품격이 있는 문학적 즐거움의 풍류를 누리기도 하였고, 악기를 연주하거나 감상하면서 현인들의 여유로운 아취를 즐겼으며 차를 마시면서 자신들을 신선과 동일시하는 방법을 통해서 풍류를 즐겼던 것으로 보인다. 이러한 모습들은 대부분 번잡한 속세를 떠나 자연에 묻혀 관조적인 모습 또는 은일적 여유를 즐기는 형태로 표현되고 있으며 조선시대의 풍류의 모습과 장소적 특징을 상징적으로 표현하고 있다. 이는 풍류의 형태가 체계적인 모습으로 갖추어진 삼국시대 화랑들의 풍류문화인 '상마이도의', '상열이가락', '유오산수무원부지', 즉 화랑들이 명산대천의 유오과정에서 백성들과 더불어 가악을 펼치면서, 정신적 수양과 육체적인 수련을 하고 민심을 파악하며, 파악된 민심을 도의로서 서로 닦고 실천하는 것과는 다른 방향으로 발전되어 개인적 유흥의 측면이 강조되는 등 시대적 변용과정에서 풍류의 본연적인 의미의 퇴색과 많은 변화가 있었고 풍류의 장소 역시 향락적 측면이 강조 되면서 점차 사적인 부분으로 공간적 범위가 좁아지고 있음을 확인할 수 있었다.

풍류와 한국의
전통문화공간을 갈무리하며

　풍류는 상고시대에 기원하여 신라 화랑의 정신적 근간이자 우리민족 고유의 중심사상이었으나 현대에 이르기까지 시대와 사회의 변화에 따라 사상적 의미가 퇴색되고 향락적 의미가 부각되어 왔다.

　풍류가 체계화되었던 신라 시대 화랑들은 전 국토를 대상으로 하는 '유오산수遊娛山水, 무원부지無遠不至'의 경승지와 명산대천의 유오과정을 통해 정신적 수양과 육체적인 수련을 하고 백성들과 더불어 가악을 펼치며, 민심을 파악하고 도의로서 서로 닦고 실천하는 높은 차원의 풍류적 수련활동을 하였으나, 조선 초, 중기 이후 풍류의 본질적 의미와는 다른 방향으로 발전되어 개인적 유흥의 측면이 강조되는 등 시대적 변용과정에서 풍류의 본연적인 의미의 퇴색과 많은 변화가 있었고 풍류의 장소, 즉 공간적 의미 역시 향락적 측면이 강조 되면서 점차 사적인 부분으로 공간적 범위가 좁아지고 있음을 확인할 수 있었다.

　결과적으로 우리민족 풍류활동의 전개양상과 향유 공간에 따른 풍류의

다양한 의미를 살펴보았을 때

첫째, 상고시대에 청년 인재들을 양성하기 위한 교육의 장소이자 풍류문화의 실천의 장소는 신성의 상징으로 존재하던 소도였다.

고조선과 그 후의 북부여, 고구려, 옥저, 삼한, 예 등의 부족국가는 공통적으로 하늘의 주제자인 천신 즉 상제에게 제사지내고 일련의 부대행사를 거행하면서, 풍류를 즐기고 실천하였다. 이러한 의례는 농경제천의 축제로 전개되었으며, 제의를 구성하는 신악, 무가, 제의무의 집단적 신명놀이는 원시형태의 풍류, 즉 풍류의 시원으로 판단된다.

둘째, 화랑들은 정신의 순화와 승화를 체험하기 위해 명산대천을 순례하였다.

그러한 유오산수의 수련법은 후대에 자연에 대한 심미적 완상적 유풍으로 이어갔으나, 조선시대에는 유산이라는 귀족적 탐미로 변모되었다. 유산 활동은 와유문화의 성행이 보여주듯, 타인과 차별되는 문화적 소양을 보여주기 위한 수단이나 유흥의 측면이 강조되기까지 하였다. 따라서 조선시대에 이르러 유산의 풍류는 본래의 고전적 의미가 상당부분 이탈되고, 그 장소성 역시 향락의 토대로 변용되거나 문인들의 미의식을 충족시키기 위한 대상으로 인식되었다.

셋째, 조선시대 선비들은 은둔문사 또는 신선을 상징하는 탈속적 놀이를 통해 풍류를 실현했다.

이들이 즐긴 풍류의 행위는 아속을 구분하는 은일 고사의 행위 중에서 유래한 것으로서, 각자의 취미생활이나 친목 도모의 소재로 애완된 것이었다. 주로 바둑을 두거나, 관수, 관폭, 탁족 등의 은일적 소일활동과 아집의 모임을 통해서 시, 서, 화를 즐기는 행위, 악기를 직접 연주하거나 연주를 감상하면서 아취를 즐기는 행위 그리고 차를 마시면서 자신들을 신선과 동일시하는 방법을 통해 풍류를 즐겼던 것으로 보인다. 풍속화를 비롯한 조선시대 회화작품에서 그러한 풍류상은 번잡한 속세를 떠나 자연에 묻혀 관조적인 행위를 하는 은자의 상 또는 주인의 고상한 취향이 묻어 있는 정원에서 탈속심미의 문인 생활을 영위하는 인물의 행위로 표현되었다.

한편 이러한 그림에서는 유흥과 호사가 강조된 변질된 풍류의 일면도 나타나는바 풍류의 의미가 사회적 변화에 따라 사상적인 측면에서는 종교, 제의, 수련적 의미에서 시·서·화·기·금詩·書·畵·棋·琴의 문화, 예술적 향유와 세속적 향락 등으로 변모되었고 공간적 범위 역시 신성공간, 명산대천의 자연경승지에서 점차 개인적이며, 인위적인 좁은 공간으로 축소, 변형되는 경향이 나타나는 등 다양한 양상으로 전개되었음을 확인할 수 있었다

❚ 참고문헌 ❚

「東文選」
「三國志」
「新增東國輿地勝覽」
「易經」

강양금(1988) 민족 고유사상으로서의 풍류도. 경상대학교교육대학원. 석사학위논문.
　　　고려대학교 민족문화연구원(2001) 한국 민속의 세계 제6권 민속예술·공예. 서울:
　　　　　창작마을. pp.90-94.
광주국립미술관 전시도록(2002) 조선시대 풍속화. 광주국립박물관
국립중앙박물관(2006) 고구려 무덤벽화-국립중앙박물관 소장 모사도. 서울: 주자소. pp.
　　　108. 160.
국립중앙박물관(2013) 한국의 도교문화-행복으로 가는 길. 서울: 디자인공방. pp. 103.
　　　156-157. 330. 333.
국학연구원(2010) 한국 선도의 역사와 문화. 충남: 국제뇌교육종합대학원출판부. pp. 304-
　　　305.
권오만. 고제희(2014) 한국 전통문화상 풍류활동의 전개. 선도문화(17) :pp. 381-414.
권희경(2000) 제3기 고구려 고분벽화에 나타난 선인·선녀상 및 주락천에 관한 연구.
　　　한국고대사연구20: pp. 411-471.
김성환(2009) 한국 고대선교의 빛의 상징에 관한 연구(상). 도교문화연구31: pp. 29-55.
김성환(2010) 한국 고대선교의 빛의 상징에 관한 연구(하). 도교문화연구32: pp. 9-34.
김성환(2011) 최치원 국유현묘지도설의 재해석-한국 고대 신선사상의 지속과 변용의
　　　시각에서. 도교문화연구 34 : pp. 9-38.
김영원(1995) 신라 통일기에 있어서의 풍류도의 역할. 경북대학교대학원. 석사학위논문
김용국(1975) 한국위기사. 서울 : 서문당. pp. 53-60.

김용진(2012) 정철 시의 풍류 미학 연구. 연변대학. 석사학위논문.

김원중역(2003) 삼국유사. 서울: ㈜을유문화사. pp. 82-84. 352-353. 332-336. 424-425.

김의숙(1990) 솟대의 형성고. 인문과학연구1: pp.129-150.

김주미(2011) 해속의 삼족오를 통해본 3의 의미 고찰. 고조선단군학(25): pp. 117-139.

도광순(1984) 풍류도와 신선사상. 신라문화제학술발표회논문집53: pp. 287-326.

도광순(1990) 신라의 풍류도와 도교. 한국도교학회. 도교학연구6: pp.99-132.

도광순(1994) 팔관회와 풍유도. 한국도교학회. 도교학연구(13) : pp. 3-29.

류동식(1997) 풍류도와 한국의 종교사상. 서울: 연세대학교출판부.

류성태(1985) 최치원의 종교관. 한국종교10: pp.129-165.

민주식(1986).풍류도의 미학사상. 미학11: pp. 3-25.

민주식(1994) 동양미학의 기초개념으로서의 풍류. 민족문화논총15: pp.179-220.

민주식(2008) 풍류 사상의 미학적 의의. 미학·예술 연구 pp. 11. 69.

민주식(2011) 누정문화의 미의식에 관한 고찰. 동양예술 pp. 17. 78.

박경복(2006) 한·중·일 역사문화경관 비교를 통한 상상적 환경 부원-설계적용 : 상생지원-.
        고려대학교 대학원. 박사학위논문.

박정욱(2001) 풍경을 담은 그릇 정원. 서울 : 서해문집. p.109.

박종우(2008) 16세기 호남 한시의 풍류론적 고찰. 민족문화연구 48 : pp. 41- 65.

박주성(2011) 전통 조경적 관점으로 본 암각바둑판의 입지와 장소특성. 고려대학교대학원.
        박사학위논문.

방상훈(1993) 집안 고구려 고분벽화. 서울 : 조선일보사. pp. 41. 48. 57. 59.

서지영(2003) 조선후기 중인층 풍류공간의 문화사적 의미-서구유럽 '살롱'과의 비교를
        통하여. 진단학보 95: pp. 285-317.

송정화(2007) 중국여신연구. 서울: 민음사. p. 102.

송희경(2008) 조선 후기 아회도. 서울 : 다할미디어. p.43.

신은경(1999) 풍류. 서울: 보고사. pp. 66. 67-81.

신은경(2000) 풍류: 동아시아 미학의 근원. 서울: 보고사. pp. 48-54.

신채호(1983) 조선상고사(하) 서울 : 형설출판사. p. 326.

신채호(1998) 조선상고사. 서울 : 일신서적출판사. pp. 54. 210.

심우경(2007) 고분벽화에 표현된 이상향이 정원문화에 미친 영향.
        한국전통조경학회지25(2) : pp.1-14.

안경전역(2012) 환단고기. 대전 : 상생출판. pp. 19. 125. 133. 325. 401. 411. 550. 625.

안계복(2005) 풍류의 정원. 누·정·대. 한국전통조경학회지23(1) : pp. 150-157.

안호상(1967) 민족의 주체성과 화랑얼. 서울 : 배달문화연구원. pp. 11. 144-147.

양근석(1995) 한민족과 화랑도 연구. 한국시민윤리학회보6: pp.73-91.

유병덕(1987) 통일신라시대의 풍류사상. 한국철학사상권. 서울: 동명사. pp. 148-149.

유주희(2006) 조선시대 위기도 연구. 고려대학교대학원 석사학위논문.

이경순(2011) 風流美로 바라본 東茶頌. 민족미학 10(1) pp.244-245.

이동영(1991) 퇴계 선생의 풍류. 한국문학논총12: pp.43-52.

이동영(1992) 퇴계 시속의 풍류. 퇴계학연구원. 퇴계학보75: pp.41-51.

이수민(2012) 이규보 다시에 나타난 풍류다도. 계명대학교대학원. 박사학위논문.

이승호(2010) 한국 선도사상에 관한 연구. 대전대학교. 박사학위논문.

이용주(2010) 풍류도의 발견과 문화정통론구상-범부 김정설의 사상과 풍류-도통론.
　　　　동북아문화연구24: pp.151-167.

이은창(1997) 고구려 고분벽화와 신라. 백제. 가야 고분벽화에 관한 비교연구. 고구려연구 4
　　　　: pp.201-288.

이종우(1969) 풍류도의성격고. 국어국문학지9: 1-28.

이종욱역주해(1999) 화랑세기-신라인의신라이야기. 서울: 소나무. pp. 45. 151.

이진수. 조성식(2006) 신라선에 관한 철학적 소고. 우리춤연구 3: pp.9-28.

임태승(2007) 상징과 인상. 서울 : 학고방. 153.

장백위(1997) 화랑도와 위진풍류 관계의 탐토. 동방한문학13: pp.159-179.

정병훈(2005) 풍류의 시대적 전개와 변양. 민족미학5: pp.100-121.

정영선(2000) 다도철학. 서울: 너럭바위. p. 106.

정우진. 심우경(2013) 조선후기 회화작품에 나타난 취병의 특성. 한국전통조경학회지31(4)
　　　　: pp.1-21.

정현축(2008) 선도와 도교의 용어혼용 문제. 동양학연구4: pp.207-234.

조경진. 서영애(2008) 조선시대 풍속화를 통해 본 정원의 풍류적 의미 연구.
　　　　한국조경학회지36(5) : pp.94-107.

조정육(2010) 그림공부. 사람공부. 서울: ㈜아트북스. pp. 133-140.

楚啓恩(2000) 중국 벽화사. 북경 : 북경공예미술출판사. p. 47.

최길성 역(1993) 조선의 풍수. 서울: 민음사. pp. 575-576.

최남선(1946) 조선상식문답. 서울: 동명사. pp. 102-103.

최남선(1947) 고사통. 서울: 삼중당. p. 5.

최승범(2003) 정자여. 옛 풍류여. 시와 시학52 : pp.78-91.

최영성(1995) 최치원의 도교사상연구. 한국철학논집4: pp.3-30.

한국민족미술연구소(2006) 간송문화 제70호 간송 탄신 백주년기념. 서울: 결출판사. pp. 47.
　　　　76. 82.

황인용(1999) 풍류도의 시대적 요청. 숲과 동양종교: pp.75-78.

| 인터넷 자료 |

http: //blog. daum. net/bosar/13430585
http: //blog. daum. net/sixgardn/15770639
http: //blog. naver. com/klbhs
http: //db. itkc. or. kr.
http: //psh. krpia. co. kr
http: //www. krpia. co. kr

잊혀진 문화유산
해자垓字와 풍류風流이야기

초판 인쇄　2018년 2월 2일
초판 발행　2018년 2월 6일

지 은 이　정용조 권오만
펴 낸 이　김재광
펴 낸 곳　솔과학
등　　록　제10-140호 1997년 2월 22일
주　　소　서울특별시 마포구 독막로 295번지 302호(염리동 삼부골든타워)
전　　화　02-714-8655
팩　　스　02-711-4656
E-mail　solkwahak@hanmail.net

I S B N　979-11-87124-30-6 (93900)

값 17,000원